評伝／ことば

大塩平八郎への道

森田康夫

IZUMI BOOKS
20

和泉書院

目次

大塩平八郎のことば―思想を読みとく―

凡例

(1) 前半部「評伝　大塩平八郎への道」の各章中の重要語句の初出箇所に付した＊印の用語については、後半部「大塩平八郎のことば―思想を読みとく―」の解説を参照されたい。

(2) 引用文については以下のとおりとした。

・原文が漢文の場合は原則として書き下し文とし、適宜、句読点をほどこし、送り仮名や濁音などを付した。

・字体は新字体とし、仮名遣いは原文のままとした。

・振り仮名については現代仮名遣いとし、新たに振り仮名を付した箇所もある。

・その他、読解の便宜上、親しみやすい本文になるように心掛けた。

(3) 本書中、今日の人権意識に照らして不適切と思われる語句が用いられているが、時代的背景にかんがみ、そのまま用いることとした。

評伝　大塩平八郎への道

はじめに

大塩平八郎は事件を起こした主人公だけに、その評価は同時代の為政者階層に属する、例えば松浦《まつら》静山《せいざん》『甲子夜話《かっしやわ》』においては蛇蝎《だかつ》のごとく見られたが、かたや大坂を中心に庶民の世界においては、鬱積する幕藩体制への重圧から藤田東湖《とうこ》の『浪華騒擾記事《なにわそうじょうきじ》』に見られたような大塩びいきや『垂裕明《すいゆうめい》鑑《かん》』（住友家史）で述べられた大塩を冷静に評価する声も決して少なくはなかった。

同時代いらい大塩事件についての評価は、時代の大きな変遷の中で現状改革を求める人びとからは、事件の社会的意義を評価されてきたが、時代の安定化を求める者たちからは天保期の為政者と変わらない感覚で、大塩への非難中傷が繰り返されてきた。人物評価は時間とともに定まるのではない。客観的な学問評価の枠組みのなかでのみ定まるものである。

十五年戦争の終結とともにわが国でも学問研究の自由が保障されると、平八郎を社会主義思想の先駆者と評価したり、近世末と云う時代状況での出来事として歴史的に評価する一方で、大塩の言動を時代背景ぬきで解釈してみたり、大塩思想の基軸概念をふみはずした通俗的な解釈で大塩を道徳的に貶《おとし》める傾向が目立った*。

さらには大塩の陽明学をもって明《みん》代陽明学と似て非なる思想構造とし、大塩陽明学を単なる信条の哲学として原理主義的に解釈することで、陽明学からの逸脱とみる批評もあった(1)。

この間、隠岐騒動と大塩事件の関係など、大塩事件の研究は確実に広がりを見せたが、大塩思想そのものは依然として前近代思想の範疇《はんちゅう》に閉じ込められ、拙著(2)をのぞいてその思想史的位置づけを明らかにしたものは乏しい。

そのため大塩の人物像とその思想についての評伝としては、明治期の幸田成友《こうだしげとも》の『大塩平八郎』をこえる研究がまだ見当たらないのが現状である。その意味からも平八郎が大坂と云う幕藩体制を支えた経済都市において、なにを考えて学問を求め、彼がたどり着いた儒学をどのような視点から再構築しようとしたのかを明らかにすることが、いま求められる大塩評伝の意義ではないだろうか。

1 生い立ち

寛政五年(一七九三)一月二十二日、大坂天満川崎で、父大坂東町奉行与力大塩敬高、母同組与力大西駒蔵娘の長男として生まれた。幼名は文之助と称し、のち平八郎と呼ばれた。寛政十一年、平八郎七歳にして父母が相次いで病死した。父は享年三十歳。これより祖父母に養育されることになった。

祖父は政之丞と称し、祖母も東町奉行与力の西田喜右衛門の娘であった。文之助が生まれたとき西田喜右衛門から鶴の絵を贈られ、それを後年まで平八郎は大切にして誕生日ごとに床の間に掲げた。

なお平八郎の出生については四国徳島藩の家老稲田九郎兵衛の家臣真鍋市郎の次男に生まれ、三歳で母を喪《うしな》いその縁故で大坂の親戚塩田喜左衛門に養育され、のち縁あって大塩家の養子になったとする説が流布されている。これは祖父政之丞が真鍋家に生まれ塩田氏に養われたところから、平八郎が折々に真鍋家と稲田家に対して、なにかと親類の交わりを絶やさなかった律義さから誤解されたものであった(3)。

幼少期の平八郎の身辺では、両親に続き八歳の時に弟忠之丞（享年二歳）も死去した。このように両親や弟を失った平八郎は祖父母に養育されながらも、その癒されぬ心の空白は、時に子ども同士の争いに粗暴をもって走るところがあった。

門人田結荘千里《たゆいのしょうせんり》の言によると、祖母はこれを憂えて住吉明神に日参すること三十七日に及んだ。しかしその功徳もないなかで、たまたま祖母が古物商で見かけた『古本大学《こほんだいがく》』など数冊の書物を買い求め、激しやすい平八郎に祖母自らが素読《そどく》を授けた。その甲斐あってか平八郎も次第に粗暴の癖がおさまったということである。

恐らくこの頃、天満辺の儒者・越智高州や鈴木恕平あたりから句読《くとう》を学び始めたらしい。そして八歳ころから篠崎応道《しのざきおうどう》の門に入り本格的に学修を開始した。応道（三島《さんとう》）は徂徠《そらい》派の古文辞《こぶんじ》学者で、安永五年（一七七六）以来、大坂阿波橋北詰にあった北山北海の混沌社《こんとんしゃ》にかわって、みずから梅花社《ばいかしゃ》を起こした大坂を代表する詩人でもあった。

平八郎のもって生まれた素質は十二三歳の頃、すでに四書《ししょ》（大学＊・中庸《ちゅうよう》・論語・孟子《もうし》）五経《ごきょう》（易経《えききょう》・詩経・書経・礼記《らいき》・春秋《しゅんじゅう》）以下経史《けいし》の大義に通じていたと云われている。そこで江戸へ出て、さらなる学修を続けたいと野望を抱くようになった。これには篠崎三島の養子小竹《しょうちく》が江戸にでて昌平坂で学問したことが刺激になったのであろう。千里《せんり》の言によると、次の如くである。

先生年十三の時、慨然として以為《おもえ》らく、男子苟《いやしく》も為すあらんと欲せば、宜しく江戸に遊び広く師友を求めざる可《べか》らずと。一夕窃《ひそか》に家を脱《ぬ》けて江戸に走る。旅僧あり、江戸は少年勉学の地に非ずとて之を止《とど》む、先生聞かず、旅僧携《たずさ》へる所の如意《にょい》を執《と》り先生の頭を打つ、流血淋漓《りんり》たり。先生大《おお》いに感悟して、遂に江戸行きを止《や》め大阪に帰る。

（山田準『大塩中斎・佐藤一斎』）

平八郎も篠崎小竹に負けじと思い祖父母に無断で家を飛び出し江戸行きを決行した。たまたま旅僧と出会い、祖父の許しのない江戸行きの無謀をたしなめられたが、その言に従わなかったので、旅僧の厳しい譴責《けんせき》を受けた。如意《にょい》棒で打たれて血を流し、ようやく我に返って自分を取りもどし、自からの軽率を恥じて家に帰ったのであろう。

祖父は平八郎のこのようなひた向きな気性と自身の年齢を考え、文化三年（一八〇六）、平八郎が十四歳になった時、東町奉行所に御用見習のために出仕させるようにした。

2 大坂町奉行所――平八郎の自覚

第一回目の回心

元服前であったが平八郎は祖父のあとを承け、与力としての職責を自覚するなかで自らの出自についても関心を抱くようになった。通常は親の語る所であるが、恐らく祖父から示された家譜《かふ》に接して大塩家の起こりが小田原の役で戦功をあげ、家康から直々その持弓《もちゆみ》を拝領した義勝に始まることを知った。平八郎はそこで戦国時代以来の武士としての功名気節をよみがえらせ、その志を受け継ぐことを心にさだめた。

これが平八郎にとって第一回目の回心であった。しかし与力という世俗的な雑事の紛争を裁決する卑職からは、もはや運命として脱出することすらできなかった。天保四年（一八三三）家塾版として平八郎の著作『洗心洞劄記《せんしんどうさっき》』が出された時、それを江戸の昌平坂学問所の佐藤一斎《いっさい》に謹呈するため、友人の天文方間《はざま》確斎《かくさい》に真文《しんぶん》の書簡を添えて託したなかで、平八郎の奉行所時代の心境が次のように述べられていた。

夫《そ》れ僕は本《も》と遐方《かほう》の一小吏《しょうり》なり。只だ令長《れいちょう》の指揮に従ひて、顔を獄訟《ごくしょう》箠楚《すいそ》の間に抗《あ》げて、以て禄を保ち年を終へ、他の求め無くして可なりき。

（「一斎佐藤氏に寄する書」『洗心洞劄記』所収）

自分は地方の小役人として奉行の指揮のもとに、毎日裁判沙汰やむち打ちの刑罰と向き合い、それで禄を得て一生を終えることに満足している身分である。しかし家譜を読んだときは、

僕は是《ここ》に於て慨然《がいぜん》として深く刀筆《とうひつ》に従事し、獄卒市吏に伍《ご》するを以て恥と為せり。

（「一斎佐藤氏に寄する書」『洗心洞箚記』所収）

とした。祖先の功名に比べて今ある刑吏役は余りにもみじめであった。しかし父母に早く先立たれ、人よりも早く祖父の職務を継がざるを得なかったので、如何ともすることができなかった。ともあれ町奉行所では、

日に接する所は、赭衣《しゃい》の罪囚に非ざれば、必ず府史胥徒《ふししょと》のみ。故に耳目の聞見は、営利銭穀《せんこく》の談と号泣愁冤《しゅうえん》の事とならざるは莫《な》し。

（「一斎佐藤氏に寄する書」『洗心洞箚記』所収）

毎日が罪人か役所の書記や小役人が相手で、そこで耳にすることは金の貸し借りや米の取引による利害の訴えと裁決への号泣であった。

町役人は法令に通じ条例を覚えさえすれば通用するが、もし裁決に過失を犯しても誰も助言してくれるものがないのも奉行所社会の実情であった。そのため、

其の勢、欺罔非僻《ぎもうひへき》・驕謾放肆《きょうまんほうし》の病《へい》を発せざるを得ざりしなり。而《しか》れども是非の心無きは人に非ず。竊《ひそか》に自ら心に問へば、則ち作止語黙《さしごもく》、罪を理に獲《う》るものは蓋《けだ》し夥《おびただ》しからん。要するに笞杖《ちじょう》の下に在る赭衣《しゃい》と一間《いっかん》のみ。而《しこう》して羞悪《しゅうお》の心無きも亦《ま》た人に非ず。彼《かれ》の罪を治むるや、則ち己れの病を

治めざるべからざるなり。

（「一斎佐藤氏に寄する書」『洗心洞箚記』所収）

罪を裁く役人側が、道から外れた裁決や威圧的な取り締まりを思うままにおこなっていた。しかし何が正しく何が誤っているかを判断できないようでは人間ではない。自らよく反省してみると、治める側の罪も無視できない。そうであるならば罪を犯したものとそれを裁く役人との立場はわずかの差でしかない、と平八郎は考えた。これが二十歳代の平八郎の眼を通して見た大坂東町奉行所の実態であった。

それにしても平八郎の人間的自覚は並のものではなかった。ちなみに近代社会思想の形成に貢献したルソーと比較してみると、同じように母を喪《うしな》い叔母に養育されたルソーの場合、平八郎の年頃にはまだ職業も定まらず転々としていた。そのなかである貴族の家僕を勤めたときに、遺品整理を手伝うことになった。そこでなき女主人の思い出としてさる品物をルソーが横領した。これが発覚すると主人付きの女中にその罪を押し付ける理不尽な行為をあえてした。そしてすべてに行きづまると、パトロンのヴァランス夫人に頼ると云う非自立的な生活ぶりであった。平八郎の自立心や道徳性はルソーの人格とは比較にならない、高潔そのものであった(4)。

近世の大坂町奉行所は大坂三郷《さんごう》の東西に分かれておかれ、それぞれの奉行所の配下として与力三十騎、同心五十人が配置されていた。与力は高二百石（実収八十石）、同心は十石三人扶持が与えられていた。家屋敷も与力ともなれば五百坪が宛《あ》てがわれていた。

加えて年頭や八朔《はっさく》には大坂三郷町々や諸株仲間からの付け届けがあり、また訴訟で和解や願い下げになると、被告原告の双方から礼銀を持参するのが慣例であった。その他にも火事や行き倒れ人などが出れば、町々で差配にあたった与力同心に礼銀を届けることが町方住民の通例となっていた。幸田成友の『大塩平八郎』によると、与力は二千石の旗本ぐらいの生活をしていたそうである。

ともかく大坂は商人の町であり、江戸から天下ってきた中央官僚が城代と東西町奉行の職につき、その支配下に与力同心が置かれていたが、天下り官僚の任期は二〜三年の短い期間で、彼らは再び江戸に帰り幕府中枢の役職に就く出世コースであった。それに対して配下の与力同心は、大坂に根を下ろした土着の役人集団として治安に重きをなしていた。したがって城代や町奉行といえども、これら与力同心を掣肘《せいちゅう》することは一筋縄ではゆかなかった。それをよいことに与力同心が町奉行所を盾に私曲をたくましくすれば、金銭腐敗にまみれやすい構図にあった。

平八郎は由緒ある武士の子としての正義感ある青年与力らしく、奉行所の現状を苦々しく思っていた。そこから祖先の気節に近づくために柴田勘兵衛から佐分利《さぶり》流の槍術《そうじゅつ》を学び、その技を究めたり、中島流の砲術を学びその奥義に達する努力をした。時に平八郎十七歳の頃であった。

文化八年（一八一一）、平八郎（十九歳）は定廻《じょうまわ》り役に属していたが、たまたま大坂市中において盗賊が出没し、その正体を探索するなかで川に係留された船を拠点にして暗躍する海賊であることを突き止め、総勢三十余人を捕縛したことがあった。これが平八郎の最初の手柄であった。

また文化十一年（一八一四）のこと（平八郎二十二歳）、天満で傘屋を営む某は与力同心の手下として随従するのをよいことに、与力同心の名をかたり貧民に高利の金を貸し付け、返済が滞ると無慈悲な取り立てを行い、相手を窮地におとしいれた。平八郎はこれを聞き、人づてに金百両を借り受けて期限の過ぎるのを待ち、その督促をうけることにした。平八郎は一日これを邸内に呼び入れ、封金に利子を添えて彼の面前に投げ、次のように言った。

汝《なんじ》平日与力同心ノ威《い》ヲ恃《たの》ミ非分ノ高利ヲ貪《むさぼ》リ貧民ヲ苦シム、其罪決シテ饒《ゆる》スベカラズ、今此金ト汝ノ首ト交換セン、其レ天誅《てんちゅう》ヲ受ケヨト、刀ヲ描《うっ》テ起《た》ツ、某首ヲ地ニ埋メ泣テ罪ヲ謝シ哀《あわれ》ヲ請フ。平八郎纔《わずか》ニ怒ヲ寛《ゆる》メ縦《はな》チ遣ハス。（『中斎大塩先生年譜』）

文化十二年（一八一五）の事、紀州藩と岸和田藩の間で境界の争論があった。東町奉行所でも紀州藩が親藩であるところから判決をためらい、いつまでも埒《らち》が明かなかった。そこで平八郎が担当することになり、一カ月も経たないうちに非は紀州藩に在りとして、岸和田藩の勝訴を言い渡した。時の人たちは平八郎の公平の精神を高く評価した。

また遅延する訴訟があり、上司により平八郎にその取り扱いが回された。原告某は暮夜に菓子箱を携え平八郎に届けてきた。翌日訟庭において双方に証拠を示して審問するなかで、原告もついに辞を屈して罪を認めた。そこで平八郎は昨夜の菓子箱を差し出し、同曹《どうそう》に対して、次のように述べた。

諸君果子《かし》ヲ好ム是レ訟獄久《しょうごくひさし》ウシテ決セザル所以《ゆえん》也ト。蓋《ふた》ヲ開ケバ黄白《こうはく》其中ニ塡《うずめ》テリ、一坐赧顔《たんがん》言フ所ヲ知ラズ。

（『中斎大塩先生年譜』）

平八郎はこのように公正に裁判を維持した。そのためには常日頃から裁判関係者からの付け届けを悪として拒否してきた。例えば次のような事があった。日付は記されていない。

此肴《さかな》を播摩屋利八と申すものより、此方留守中持参、さし置き帰り候、不埒《ふらち》之事に候へ共《ども》、弁《わきま》へざる故の儀と推せられ候間《あいだ》、丁内《ちょうない》へさし戻し遣はし候、今後心得違ひ之《これ》なき様申し渡し置き申すべし、此度は内分《ないぶん》にて右様取り計らひ遣はし候事。

大塩平八郎

御池通四丁目年寄へ

（『中斎大塩先生年譜』）

御池通は堀江新地（現大阪市西区）の一角でお茶屋が立ち並ぶところであった。そのような者から裁判が穏便に進められるように付け届けしたことに対して、平八郎が厳しく拒絶したのであった。このようなことが噂になると、平八郎は大坂町奉行所内で最も公正無私な役人として、庶民から尊敬を集めたことは言うまでもない。

それでも奉行所の光景は、毎日が身も心も冷え切るような寒々した世界ではないか、と詩に詠んでいた。*

官衙《かんが》ノ中《うち》ノ狂《きょう》ヲ吟《ぎん》ズ

名ヲ忘レ利ヲ忌《い》ム味《あじわ》イ窮《きわま》リ無シ

終日愚《ぐ》ノ如ク又屢《しばしば》空《むな》シ
誰カ識《し》ラン周旋熱腸《しゅうせんねっちょう》ノ裏《り》
身心冷淡スル広寒《こうかん》ノ宮《きゅう》

（『洗心洞詩文』）

自分の名声や利害を考えない生き方には、どこまで行っても終わりというものはない。しかし一日中、愚か者のようにじっと仕事に耐えるのはやり切れない思いがする。一体誰が、腸《はらわた》の煮えくり返るような思いで、人の苦しみを取り仕切っているのを知っているだろうか。それにしてもここは仁愛の無い、心寒いだけの広々した役所ではないか、と平八郎は自らの職場を分析した。

第二回目の回心

平八郎は職務に精励して名を成そうと努力したが、なおかつ自らの心を納得させるには至らなかった。そこで再び自己不信に陥り、自らに欠けるものとして学問の道のある事に気づかされた。

病を治むるは奈何《いかん》、当《まさ》に儒に従ひて以て書を読み理を窮めて而《しか》る後に愈《い》ゆべし、故に儒に就きて問学す。是《ここ》に於て夫《か》の功名気節の志は、乃《すなわ》ち自《おのずか》ら一変せり。

（「一斎佐藤氏に寄する書」『洗心洞劄記』所収）

平八郎は与力社会に欠ける学問の道に思いを致し、理を窮めれば必ず道が開けると信じた。第二回目の回心であった。時に若冠二十歳を迎えた頃であった。しかし、

其の時の志は、則ち猶《な》ほ襲取《しゅうしゅ》外求の功を以て、病の去りて心正しきを望むものにして、軽俊《けいしゅん》の患《うれ》

へを免るる能はざりしなり。（中略）而して夫《か》の儒の授くる所は、訓詁《くんこ》に非ざれば必ず詩章なり。僕は暇《ひま》を偸《ぬす》みて以て之に慣習《かんしゅう》せり。故に其の窠臼《かきゅう》に陥《おちい》るを覚えずして自《おのずか》ら之と化す。

（「一斎佐藤氏に寄する書」『洗心洞劄記』所収）

寛政異学の禁を受けて平八郎が学んだのは古学《こがく》系の儒学であった。恐らく江戸堀斎藤町にあった篠崎《しのざき》三島《さんとう》の梅花社が考えられる。(5)

近世社会も後期に入ると礼教を軸にした朱子学*では魅力に欠け、朱子学そのものが詩文の学として受け入れられていった。朱子学の教養化が一層進んだのである。篠崎三島の跡を受けた江戸帰りの養子小竹《しょうちく》の場合は歴とした詩人であった。

平八郎の心情は依然として世俗の名利を心の外に求めるもので、若い駆け出し与力の心を満足させるものではなかった。しかもそこでの学修は訓詁詩章の学で、知識をもてあそぶきらいがあり、いつしか平八郎もその風になじんでしまったと云うのである。その結果、益々心に期していたこととと離れていく不安に取りつかれ、

病は却《かえ》つて前日よりも深きに似たり。顧《かえ》つて其の志と径庭《けいてい》し、能《よ》く悔《く》ゆること無からんや。此《ここ》に於て退きて独り学ぶに、困苦《こんく》辛酸《しんさん》は殆んど名状《めいじょう》すべからざるなり。

（「一斎佐藤氏に寄する書」『洗心洞劄記』所収）

朱子学的窮理により道理が体得できるものと思っていたが、またしても大きな壁にぶつかった平八

郎にとって学問的葛藤が始まった。自ら立脚するに耐える学問とは一体いかなるものであるのか、平八郎は模索し始めたのである。それは時代が求める新しい人間形成の追求でもあった。

3 『呻吟語』との出会い

平八郎が新たに学問*の意義を問い始めようとした文化九年（一八一二）ごろ、それに従う仲間として最初に参加したのが、般若寺《はんにゃじ》村《むら》庄屋の橋本忠兵衛と弓奉行組同心竹上万太郎らであった(6)。学者仲間との交流を断ち、朱子学*と決別することで独自の道を模索した文化十四年ごろ、たまたま船載された中国明《みん》代の官僚出身学者、呂新吾《りょしんご》の『呻吟語《しんぎんご》』を手にする機会を得た。平八郎はそれを貪るように読む中で、その出会いを「天祐《てんゆう》」と呼んだが、それは大坂と云う唐物《からもの》が入手しやすい土地柄であったからこその歴史的出会いであった。

明末の政治腐敗を告発する陽明学*的著書の流入は、まさにそれを必要とする人間により受容された。このような陽明学史の在り方は、歴史と思想の関係を考える上においてきわめて重要な意義をもつものである。

熟読玩味すれば、道其《そ》れ在らざらんや、恍然《こうぜん》として覚《さと》れること有るが如く、謂《い》は所《ゆ》る長鍼《ちょうしん》の遠痞《えんぴ》を去《のぞ》くに庶《ちか》し。而して未《いま》だ全くは正心の人と為《な》る能《あた》はずと雖《いえど》も、然《しか》れども自《みずか》ら幸《さいわ》ひに赭衣《しゃい》一間《いっかん》の罪を脱せり。

（「一斎佐藤氏に寄する書」『洗心洞箚記』所収）

第三回目の回心

平八郎は『呻吟語』を読むことで、今まで霧に包まれていた儒学の実像に接して学問の意味を確信した。かくして呂新吾から学ぶことで、罪人と隣同士であったこれまでの自分から脱出する第三回目の回心を見い出そうとしていたのである。

河南遼寧《りょうねい》に生まれた呂新吾《りょしんご》（一五七三〜一六二〇）は名を坤《こん》、字は叔簡《しゅくかん》と云った。明《みん》代万暦期（一五七三〜一六一九）に襄垣《じょうえん》（山西省）の県令となり、早くも庶民に租税の公正をもたらした。以来地域を巡察するなかで民生に通じ、最後は刑部《けいぶ》左右侍郎についたが、この間、

吏治《りち》、良無きは、未《いま》だ大吏より始まらざる者有らずと。凡《およ》そ事、皆、自《みずか》ら責め自ら任じ、饋遺《きい》贖羨《しょくせん》、尽《ことごと》く之を杜絶《とぜつ》す。

（「呂新吾先生伝」『呻吟語』所収）

とあるように、自らに厳しい公正無私の官僚として終始した。しかし、明末の地方民衆の疲弊が、儒教道徳とは裏腹に、官僚層の腐敗による社会的混乱から生み出されている事を知るとき、

是の時、天下、故《こと》多く、国是《こくぜ》日《ひ》に非に、災異《さいい》迭《かは》るがはる見《あら》はる。先生、憂危の疏《そ》数千言を草して之を上《たてまつ》る。之を悪《にく》む者、中《あ》つるに奇禍《きか》を以てす。朝《ちょう》を挙げて為めに危《あやぶ》む。先生、弁ぜず、疾《しつ》を引きて休を乞ひて家居す。

（「呂新吾先生伝」『呻吟語』所収）

と、民生安定のために呂新吾は不公正の現状を打開するための建言をした。しかしそれによって逆に

讒言《ざんげん》されて遂に引退を余儀なくした。

平八郎は王陽明の無善無悪説を批判する東林派《とうりんは》に属していた呂新吾を『古本大学刮目《こほんだいがくかつもく》』引用姓氏において、王門親炙私淑《しんしゃししゅく》の人物として敬意を払ったように、呂新吾の思想的底流に朱子学にない思想を読み取り、そこから王陽明*思想へと接近した。それにしても平八郎は呂新吾のどのような言説に共鳴したのであろうか。

洗心洞*が学塾としての名実を整えた文化十四年（一八一七）は平八郎二十五歳のときであった。これは王陽明が流刑地の竜場で聖学に開眼したとき、そこを陽明洞と称したのに対して、自らの私塾にも洗心洞と命名したのである。そして「洗心洞入学盟誓」をはじめ、「学堂掲示」「学堂東掲」「学堂西掲」などが門人に示された。

「洗心洞入学盟誓」は年少の寄宿生もいたので塾内での生活規則が述べられていた。それに対して「学堂掲示」には王陽明の年譜のなかから門人銭緒山《せんちょざん》の書いた「天成編」が記され、また「学堂西掲」は王陽明が竜場で門人に教えた言葉が述べられていた。さらに「学堂東掲」においては呂新吾『呻吟語』巻の二「問学」*に述べられた言説が選ばれていた。

吾が門に入り人たらんと欲せば、則ち学を問ふ道は以て徳性を尊ぶを要す、新吾先生の語を誌し、学ぶ者に及ぼすに以て掲示せん。宜しく察し識るべし。

（「学堂東掲」『叢書日本の思想家　大塩中斎・佐久間象山』所収）

洗心洞に入門して志ある人になろうとする者は、天から与えられた道徳的素質を磨き上げなければならない。そのために呂新吾先生の言葉を掲げた。よくよく玩味すべきである、と平八郎は入塾者に対して語りかけた。

「堯舜《ぎょうしゅん》事を巧《たくみ》にし、孔孟は学を術《す》べる」此《この》八字は是れ君子たるの終身の急務なり。或は問ふ「堯舜の事功、孔孟の学術」は何処《いずこ》より手を下さん。曰く、「*天地万物を以て一体と為さん。此《こ》れ是《すなわ》ち*孔孟の学術、天下万物、各《おのおの》其の所を得しめん。此れ是ち堯舜の事功なり。総《すべ》て来《きた》るは是れ一箇の念頭なり」。

（「学堂東掲」『叢書日本の思想家　大塩中斎・佐久間象山』所収）

古代の聖王堯舜が庶民のために事業を起こし、孔子や孟子がその事跡から学んで人としての道のあり方を整理した。この教えを君子をめざさんと欲する者は生涯追い求めなければならない。それにしても何処から手を付けたら良いのかと尋ねられたが、それに答えて言うには、天地万物を一体のものにすると云うのが孔孟の教えで、天下万民をそれぞれに相応しい場所に位置づけるのが堯舜の仕事である、と。

要するにもたらされたものは*公正無私な一つの心から出たものである。平八郎はここで天地万物が一体の仁で結ばれねばならないことを、堯舜がそれを天下において実行した為政者であるとして、理想の政治とは何かを門人たちに示そうとしていたのである。

学は必ず相《あい》講じて後《のち》に明らかならん。講ずれば必ず相直《ただ》して後に尽くす。孔門の師友、窮問し極言を厭《いと》はず、相然諾《ぜんだく》し承順せず。謂ふ所の審《つまびら》かに問ひ明らかに弁ずるなり。故に此の時に当たり道学大いに明らかならん。（中略）講学は須《すべか》らく此《かく》の如く自ら是《ぜ》之心を堅くし、人の相直《ただ》すも悪《にく》むなきを要すべし。

（「学堂東掲」『叢書日本の思想家　大塩中斎・佐久間象山』所収）

学問は互いに論じ合って後に、その意味が解るようになる。論議をすれば必ず互いに後で疑問を正すことが必要である。孔子の門では先生や同学が言葉を尽くして返答に困っても、それを嫌《いや》がらず、相手がわかるまで互いに引き下がらなかった。それが『中庸《ちゅうよう》』に云う「詳しく質問して、それにはっきり説明する」ということである。

だからこの時代には学問の道が非常にはっきりしていた。学問を論議するのは云うまでもなく、このように自分が正しいと思う考えをしっかり持ちながらも、人と互いに誤りを正すために時間を惜しまないことである。学問することは言葉を鵜呑みすることではなく、心の中で充分に理解して受け止めてこそ聖学への道というものである。このような呂新吾の真摯《しんし》な言説を洗心洞の教育指針としたのであった。

ちなみに平八郎の『洗心洞詩文』にも、

雨中友人宅ニ集イ読書ニ即チ興ジ
実堺《じっかい》ヲ践《ふ》ムニ非ザレバ誰カ其趣《そのしゅ》ヲ孚《はぐく》マン哉《や》
主客相《あい》忘ル此ノ館中

共ニ周易《しゅうえき》ヲ譚《はな》シ胸襟《きょうきん》ヲ豁《ひら》カン
端《たん》ナク坐玩《ざがん》スルハ一時《いちじ》ノ象《しょう》
両裏《りょうり》怪シム松躍竜《やくりゅう》ノ如シ
（『洗心洞詩文』）

この家のなかでは誰が主人で誰が客か、互いに忘れているようだ。皆が一つになって心を開き、孔子の『易経』について語りあっている。それは堅苦しい正座などせず、くつろぐ中で意味だけは深く味わおうとする姿である。その場面を不思議に思う松は躍り上がる竜のように我々を眺めている、と門人と平八郎が論議している様子が詠まれていたように、呂新吾の精神が継承されていたことがよくわかる。

ただ人人、我心を去り了《お》はらば、便《すなわ》ち是れ天清く地寧《やす》らかな世界ならん。
（「学堂東掲」『叢書日本の思想家　大塩中斎・佐久間象山』所収）

人は自己中心の心を取り去れば、そうすれば天下は清く安らかな世界になるはずだ。人間の私欲が世の中を乱すもとになるのだ。

世間に一件の人に驕《おご》るべきの事なし。才芸は人に驕るに足らず。徳行は是《こ》れ我が性分の事にして、堯舜《ぎょうしゅん》＊周孔に到らざれば、便《すなわ》ち是れ欠缺《けんけつ》なり。欠缺は便ち自《みずか》ら恥づべし。如何《いかん》ぞ人に驕り得ん。
（『呻吟語』）

世間のどのようなことがらでも人に自慢すべきことはない。才能や芸術的な能力でも人に自慢してはならない。道徳的な行ないは、これは自らの天性であるが、堯舜や周公孔子には及ばない、それは我々には、まだまだ欠けるところがあるからだ。それ故、自分を顧みて恥じ入る心を忘れてはならない。そのような我々だから、どうして物事に自慢できるだろうか。呂新吾は己に厳しい自戒の人であっただけに、学問することで少し鼻に懸けたことがあった平八郎は、呂新吾から謙虚とは何かを教えられたのであろう。

天下の至精の理は至難の事も、若《も》し潜玩沈思《せんがんちんし》を以て之を求め、厭《えん》なく躁《そう》なければ、中人《ちゅうじん》以下と雖《いえど》も、未《いま》だ得ざる者有らず。

（『呻吟語』）

天下の最も根本にある道理を理解することは難しいことである。それでも深く玩味し心静かに学び続け、途中で飽きたり先を急がなかったら、普通以下の人であっても体得できなかった者はない。つまり努力すれば、誰だって聖人が見い出した道理の世界に到達できるのだ。呂新吾の言葉は洗心洞門人に気概を与えるものであった。そしてこれこそが平八郎の云う「立志」であった。もう一節だけ紹介しておこう。

天地万物は、その情、一毫《いちごう》も吾が身と与《とも》に相《あい》干渉せざるはなし。その理、一毫も吾が身と与に相明にせざるはなし。

（『呻吟語』）

天地万物の本性は、少しも私の体と一緒にならずに無関係と云うことはない。その本性を根拠づける道理においても、少しも私の体と一緒に相い現われないものはない。この言説はまさに王陽明の天地万物一体の仁に迫ろうとするものであった。『呻吟語』との出会いは、まさに大塩陽明学への出発点として「学堂東掲」によってそれが示されていたのである。

『呻吟語』に出会ったことで平八郎は、その根底に朱子学にない新しい認識論のあることを知り、書庫の下積みから『古本大学《こほんだいがく》』と三輪執斎の『標柱伝習録』を取り出して読むことで、初めて我が国における陽明学の歴史にも触れるようになった。かくして大塩陽明学の構築を媒介にして朱子学的な近世儒教への革新が始まった。

4『孝経』を起点に

天保二年（一八三一）二月、平八郎は与力の職を辞して洗心洞*学塾での教育に専念することにした。これを機に門人たちへの学則と学修階梯《かいてい》として『洗心洞学名学則並読書書目』が定められた。このなかの読書書目によると、

孝経*（増補孝経意註並鄭註本）　古本大学（序解）
中庸（朱註）　論語（朱註）
孟子（朱註）
右一経四書

易（程伝）　書（蔡氏集伝）
詩（呂氏読詩記並朱子集伝）　礼記（陳氏集伝三礼義疏）
春秋（並三伝）　*周官（三礼義疏）
儀礼（三礼義疏）
　右七経三伝
伝習録　朱子小学
四名公語録　近思録
陽明子集類　王門諸子書類
程朱書類（有口訣）　歴代理学名賢書類（有口訣）
　右理学
二十一史　通鑑綱目
読史管見　名臣言行録（有口訣）
　右史類
八大家文集類　杜詩及十五家詩選之類
　右詩文[7]
（『洗心洞学名学則並読書書目』）

の順序で学修が進められた。ここには平八郎が進める洗心洞の趣旨に沿った学修過程が明示されていた。これを見ると洗心洞では古典籍の中でも『孝経』を最も重要な学修として位置づけていたことがわかる。

しかしこれまで大塩思想における『孝経』の意義を明らかにした研究はなかった。平八郎が孝*を重視したことを、近世社会における朱子学*的な世俗道徳ほどの意味にしか見ていなかった。それ故、大塩研究上で大きな誤りがなされてきた(8)。

平八郎が孝に着目したのはそのような世俗的習俗への迎合ではなかった。それは人間存在にかかわるきわめて重要な問題提起がなされていたのである。

一般的には道徳的徳目は人として学び教えられることで成り立つものであった。しかし孝は学ばず慮《おもんばか》らざるをもって生まれた性*として、親を慕う自然な感情として存在するもので、その根源的感情の先に他者への道徳感情としての仁愛の情が形成されるとするものであった。ここから平八郎は孝こそが道徳感情の根源として、すべての道徳に通ずる至《し》*徳要道《とくようどう》の原点とみた。

このように平八郎が孝の意義に着目したのは、云うまでもなく中江《なかえ》藤樹《とうじゅ》に始まる近世陽明学*の先達たちが、孝を軸とした儒教論を展開したところにあった。即ち中江藤樹はすでに『翁問答《おきなもんどう》』において、

　　われ人の身のうちに、至徳要道といへる天下無双の霊宝あり

（『翁問答』、『日本思想大系29　中江藤樹』所収）

と太虚*・三才・宇宙・鬼神・造化・生死など人間生活の万般にわたる行動原理として孝を論じ、『孝

経啓蒙』においてその思想的集大成を試みたところである。また熊沢蕃山《くまざわばんざん》も『孝経小解』及び『孝経外伝或問《げでんわくもん》』において藤樹から継承した孝の意義を思想的核心におき経世済民《けいせいさいみん》論を展開した。もちろん三輪執斎もそれに続いた。

ちなみにルソーも『人間不平等起源論』において、憐憫の情の純粋な自然的道徳感情の意義を指摘していた。(9) このような『孝経』*観の流れを受けて平八郎が朱鴻《しゅこう》、孫本《そんぽん》、虞淳熙《ぐじゅんき》の彙註《いちゅう》からなる明《みん》の江元祚の今文《きんぶん》『孝経彙註』を入手して熟読玩味し、そこから、

孝を以て万善を貫く、良知*を以て孝を貫く、太虚を以て良知を統《す》べる、而《しこう》して天地の聖人*は易簡の道。　　(『増補孝経彙註』叙)

として、孝の心を以てすべての人の道を貫くことは、人間の良心を以て孝を貫くことで、それはすべての生命・万物を生み出す太虚の心が良知に命じていることである。このようなあり方は天地の聖人にとってのわかりやすい道としてあるとする、孝の至徳要道観を確立した。

もとより平八郎の孝への深い思いは、彼が幼少期に相次いで両親を失った悲哀体験と無関係ではなかった。成人してからも心の底に残る大きな空白であった。それだけに人間存在としての孝の根源性への認識を、自らの思想的構築の基礎に据えた意味は、平八郎の人間性への洞察と深く結びあうものであった。

さて平八郎は朱鴻らの今文『孝経彙註』と黄道周《こうどうしゅう》の『孝経集伝』を参酌《さんしゃく》して『増補孝経彙註』を完

成させた。本書は我が国近世社会における『孝経』関係の注釈書としては熊沢蕃山の『孝経小解』とともに最も優れた著作としてあった。まず冒頭の「開宗明義章」において、次のように述べる。

> 後素《こうそ》謹んで按《あん》ずるに、至徳要道に二有るに非ざるなり、皆其の本《もと》を指す、本亦《ま》た天に生ず、天に生ずる者は、学ばず慮《おもんぱか》らずの良知良能に非ずして何ぞや、而《しこう》して良知を致し、則《すなわ》ち良能其の中に在り、朱氏・黄氏の説、未《いま》だ之を説破せずと雖《いえ》ども、然《しか》れども隠然と言表に顕はさん、
> （『増補孝経彙註』）

至徳と要道は二つの事を云うのではなく、その根本にある孝の事をさすのだ。その孝は天に生じ、天に生ずるものは誰からも学ばず教えられず人間性として備わる良知良能である。このように平八郎が孝の天に生ずるとしたのは、彼の身体観の背景に「身体髪膚《しんたいはっぷ》、之《これ》を父母に受く」の章句についての虞淳熙の註が注目されていた。即ち、

> 然り身は子既に之《これ》を父母に受け、父母之を推《すす》めん、又之を始祖に受け、始祖之を天地に受け、天地之を太虚に受けん、誰《た》が太虚と為さんや、凡《およ》そ天地の人物は窮《きわま》りなく尽《つく》るなし、通ひ来《きた》るは只《た》だ是れ一箇の太虚のみ。
> （『増補孝経彙註』）

と述べるように、孝と云う親を愛し慕う人の性は、父母からさらに始祖にさかのぼり最後は天地を包含する太虚に至るものとする、生命の連続観の上に立つものであった。この孝がもつ根源的な価値観こそが、万物を一体のものとする陽明学の基軸概念であった。従って「天子章」において、

子曰く、親を愛する者は、敢《あえ》て人を悪《にく》まず、親を敬する者は敢て人を慢《あなど》らず、愛敬を親に事《つか》へて尽くし、而て徳教を百姓《ひゃくせい》に加へ、四海に刑《のっと》るは、蓋《けだ》し天子の孝なり。（『増補孝経彙註』）

と、孔子の云われるのに、親に孝をつくす者は他者を悪《にく》んだり人をあなどることがなく、政治に携わる為政者の場合は、親に愛敬をつくす人は、道徳の教えに従って政治を行うもので、これこそが天子の資質とし、さらにそれによって善政を促すと註釈を加えていたように、『孝経』をたんに親子関係の近世的世俗道徳に封じ込めるのではなく、為政者の心法として政治学的資質を高めるものとして学ぶことを重視した。

近世のわが国ではもっぱら世俗的な孝意識が重視され、『孝経』が為政者としての資質を高めるものであることが軽視されていた。例えば君臣関係を論じた諫争《かんそう》などは臣下にとって極めて煩わしいものので、朱子が『孝経』の成立を疑問視した『孝経刊誤』をよいことに、朱子学者の避けるところであった。しかし『彙註』では重要なテーマであった。

朱鴻は次のように述べる。

（前略）故に不義に当たらば、子は父に争はざる可からざる、臣は君に争はざる可からず、若《も》し人に阿諛《あゆ》苟従《こうじゅう》せば、恐らく恩賊の戒を傷つけん、委曲《いきょく》諫争を以て親を道に諭《さと》し、親を過ちなき地に置く能《あた》はずは、又豈《あ》に人の子の忍ぶ所ならん哉《や》。（『増補孝経彙註』）

そのことが道にはずれていれば、子として父と争い、臣下として君とも争うのが人の道と云うものである。もし自分の意志を曲げて追従するようでは、かえって父や君主の恩義にそむくことになる。親や君主をいさめ道に従わせることが出来ない場合は、またどうして人として耐えしのぶことができようか、と諫争の避けて通れないことを人の道とした。また忠孝関係を考えるとき、孝が根源的であり忠は後天的とする経文「父母の道は天性也、君臣これ義也」に続く悖徳《はいとく》論も孝の絶対的意義を説くものであった。

平八郎は朱子の『孝経刊誤』は『改本大学』と同様に認めることができなかった。揚慈《ようじ》湖《こ》が「庶人孝」に関連して『刊誤』を批判したなかで、次のように述べる。

故《ゆえ》に曰く、孝悌《こうてい》の至りは神明に通じ、四海に光し、通ぜざる所なし、（中略）而《しか》るに章句の陋儒《ろうじゅ》、孔子、曽子《そうし》に与へる所の書を取り、妄《みだ》りに己意を以て之を増益し、曰く開宗明義章、曰く天子章、曰く諸侯章、混然一貫の旨を取り、而《しこう》して之を分裂し、また古文閨門《けいもん》一節を刊落し、大道を破砕し、相与《あいとも》に妄《みだ》りに迷惑の中に論ず。

（『増補孝経彙註』）

徳の至りは絶対者にも通じ、通じないところはどこもない。ところがこのような『孝経』を章句に分けた朱子は、自分の考えだけで、混然と一貫性を保っていた『孝経』に手を加え、章立てしたり、逆に節を取り去るなどの過ちを犯した、と指摘されていた。

このように見てくると『彙註』は近世朱子学への批判の書として、親への孝と云う自然に備わる感情を媒介に為政者が聖人の学に立ち返ることで、仁政を想起させる徳として孝の至徳要道を説くものであった。

一般に儒教思想のなかでは仁をもって最高の道徳としたが、大塩陽明学においては孝を仁に優る根源的な最高の道徳として位置づけられていた。それ故『孝経』を学ぶことは大塩学において学の原点に立つことを意味していた。

なお洗心洞では初学者には『増補孝経彙註』ではなく、熊沢蕃山の『孝経小解』を底本に平八郎の按語《あんご》を添えた註釈書『孝経講義』(10)が用いられていた。云うまでもなく蕃山の『小解』は近世における『孝経』の註釈書としてはもっとも優れた著作であった。

大塩の著書は殆どが漢文体であるのに対して、『孝経講義』は初学者にも読みやすい和文体であったが、平八郎が『彙註』で述べたかった重要事項は『孝経講義』においても註釈していた。しかし同書は平八郎生前の著作ではなく「中斎大塩後素講述門人筆記」と刊行本の奥付にあるように、大正年間に門人の誰かが書き残したものにより発刊されたものであった。

孝を至徳要道とした平八郎の学問とは、それでは一体いかなるものであったのか。彼は『呻吟語』に啓発され、王陽明の『伝習録』や『古本大学』を学修することで朱子学にない新しい学問の姿に接した。それを儒学の世界では陽明学と称していた。しかし平八郎は自らの学問を陽明学とは云わなかった。それはなぜであったのか興味深い問題である。

洗心洞学塾が名実ともに形を整えた天保二年に『洗心洞学名学則』が制定された。その中で、弟子余に問うて曰《い》ふ、先生の学は之れ陽明学と謂ふか。曰《いわ》く否《いな》。之を程子の学、朱子学と謂ふか。曰く否。曰く之を毛鄭賈孔《もうていかこう》の訓詁《くんこ》註疏《ちゅうそ》の学と謂ふか。曰く否。仁斎《じんさい》父子の古学《こがく》か、抑《そもそ》も徂徠《そらい》の詩書礼楽を主とするの学か。曰く否。然《しか》らば則《すなわ》ち先生の適《たま》ま従ふ所は将《まさ》に何学ぞや。曰く、我が学は只《ただ》仁を求むに在るのみ。故に学に名なし。強《し》ひて之に名づくれば*孔孟学と曰はん。

（『洗心洞学名学則』）

と述べていたように、平八郎のめざす学問は孔子・孟子に始まる学の原点に立ち戻ることにあった。

それは古学派のように古典の訓詁註釈をもてあそぶ学ではなかった。即ち聖人の学そのものをめざすことにあった。そして平八郎にとって聖人の学とは庶民に仁政をもたらす、自らの心に問いかける心学としての良知の学にあった。それは為政者に顔を向けてきた儒学を民に向けるように舵を切るものであった。言葉をかえれば、近世朱子学に代表された儒学の革新にあった。

5　良知を致して太虚に帰す

大塩陽明学の基軸概念は*良知と*太虚であった。両者の関係について天保四年（一八三三）に家塾版として出された『洗心洞劄記』によると、次のように述べている。

四八（上巻）　*陽明先生訓《おし》ふる所の良知を致すの実功を積むに非ざれば、則ち横渠《おうきょ》先生の謂《い》は所《ゆ》る太虚の地位に至るべからず。故に心《こころ》太虚に帰せんことを欲する者は、宜しく良知を致すべし。良知を致さずして太虚を語る者は、必ず釈老の学に陥《おちい》らん。

（『洗心洞劄記』）

王陽明先生の説かれた良知の学は、実際の効果を積み重ねないと張横渠先生の言われた太虚に至り着くことが出来ない。それ故、心を公正無私な太虚に帰するためには良知を追求しなければならない。口先で太虚を語るだけでは釈迦や老子の学になってしまう。このように、良知と太虚とは対応して相互に補完しあう関係にあった。一方だけで大塩思想を読み解くことのできない関係概念であった。しかし平八郎の信条は心を太虚に帰することにあったので、『劄記』の開巻冒頭の数条において精力的に太虚が語られ、それを追うように良知について述べられていたことからも、その関係が窺えよう。

それ故、門人から指摘があったように、太虚は釈老の用いる概念として、また良知は朱子学に背くものとして世間の学者になじまないところから、太虚の哲学をめざす平八郎は、さらに太虚の思想が孔孟に発する儒教的概念であることを明らかにするために『儒門空虚聚語《じゅもんくうきょしゅうご》』を著わし、『劄記』への批判にこたえようとした。その意味でも『儒門空虚聚語』は『劄記』の姉妹編であった。

このように見てくると人間の最良の知を結集した道徳的判断としての良知は、人の心が太虚に至る手段であり、それを踏み外しては到達できない精神的営みであった。しかし良知を太虚に至る手段としてみるならば、人間の到達目標としての太虚こそが大塩陽明学の根幹であったことがわかる。さらに太虚との関係を見ると、次のように述べている。

五八（上巻）心太虚に帰せずして、而《しこう》して良知を謂ふ者は、皆情識の知にして、而して真の良知に非ざるなり。真の良知は、他に非ず、太虚の霊のみ。道を知る者に非ざれば、孰《たれ》か能《よ》く之を悟らん。

（『洗心洞劄記』）

人間の私利私欲を超越して存在する太虚に向かってなんの克己《こっき》勉励《べんれい》もせず、良知だけを求めると云っても、そのような知は五感の情から生まれた意識で、太虚の霊を心に受け止めた良知ではない。真の良知は太虚の公正無私な霊妙なあり方を心に受け止めることである。これは道理をわきまえた者でなければ、誰でもが理解することはできない。

平八郎にとって良知を致すとは、太虚から発する公正無私の道理を人の心に受け止めることであると云うのである。とすれば大塩思想の中で太虚こそが絶対であり、それに帰することが大塩学のすべてであった。それ故、太虚は〈帰す〉と云われ、良知は〈致す〉と云われたように、太虚と良知の関係は到達目標とそれに至る手段の関係にあった。

ところで良知は人の性*として本来的に人に備わっているものであるが、凡人は世俗にまみれてそれを失ってしまった。

五九（下巻）或るひと「人の生まるるや直《ちょく》」の義を問ふ。曰く「良知は、孝弟の是《ぜ》にして不孝不弟の非《ひ》なるを知り、仁義の是にして不仁不義の非なるを知る。是れ即ち聖凡《せいぼん》と無く一なり。故に人の生まるるや直なり。而して人は長ずるに随《したが》つて己れに克《か》つ能はず、自《みずか》ら其の良知を欺きて、之を致すを得ず。（後略）」　（『洗心洞箚記』）

ある人が『論語』雍也《ようや》篇の「人の生まるるや直」の意味を尋ねたので、人は生まれながらにして正しい判断力をもって生まれてきた。この能力については*聖人と凡人の区別はなかった。しかし凡人は成長するなかで己れの欲望に打ち勝つことが出来ず、もって生まれた良知を欺いて良知を実現することが出来なくなるのだ、と孔子は答えた。

ここから人は良知を自ら取り戻すために*学問するのである。その学問とは自らの心を正して誠にするために、禁欲的な身を慎しむ*慎独、即ち*修身が求められた。世俗的な*私欲に覆われた自らの心と向き合い、意を誠にすることでその克己《こっき》が求められた。

これが大塩における学問の最初の階梯《かいてい》であった。古典をただ訓詁註釈的に教えるだけの世間にある学塾ではなく、学問する心の在り方を体得させる、まさに心学としての*陽明学であった。それは克己を求める厳しい教育であった。

修身と云う言葉にはこだわりがあった。明治憲法体制下における学校教育の指針として教育勅語が発せられ、それにもとづいて学校では修身が最重要な教科として位置づけられた。しかしこれは為政者による国民道徳として人民に強要するもので、儒教の経典*『大学』が求めた為政者自身の慎みにはならない。修身は庶民一人一人の*自省として大切であるが、その前に為政の立場にある者のモラルとして体得されねばならない徳目であった。平八郎の修身観は為政者としての自覚からする自らのうちに問うものであった。

三五（下巻）良知を致すの学は、但《ただ》に人を欺かざるのみならず、先づ自《みずか》ら欺く毋《な》きなり。而《しこう》して其の功夫《くふう》は屋漏《おくろう》より来る。戒慎と恐懼《きょうく》とは、須臾《しゅゆ》も之を遺《わす》るべからざるなり。一旦豁然《たんかつぜん》として天理を心に見れば、即ち人欲は氷釈《ひょうしゃく》凍解《とうかい》せん。（中略）而《しか》るに世人は人を欺き自ら欺き、是れを習俗と為す。父の子を養ひ、子の父に事《つか》へ、君の臣を使ひ、臣の君に事ふるも亦《ま》た是《ここ》に於《お》てす。（中略）故《ゆえ》に遽《にわ》かに之に良知を致すの事を語れば、則《すなわ》ち駭《おどろ》いて走る者有り、悪《にく》みて仇《あだ》とする者有り、嘲《あざけ》りて棄つる者有り、（中略）故に良知の学は天下に亡びて伝はらず。（『洗心洞箚記』）

自他を欺かない良知を体得する工夫は、家の薄暗い場所で独り身を慎む禁欲主義から生まれてくるものである。そしてある日、広々した心で天の道理を我が物にしたら、その時にこそ自己中心の考えは消えてなくなり公正無私の心を手にすることが出来るようになるのだ。

にもかかわらず世の中の凡人は自他を欺くことが習い性となり、親子の交わりはもとより君臣の関係においても、自己中心的になる。それ故、私が良知の大切さを語っても誰も顧みることなく、無視するだけでなく逆に非難さえする者がある。これでは良知の学が世の中から消えてゆくのは当然である、と平八郎は良知心学の受容の厳しさについて語っていた。

良知を致し太虚に帰することは凡人のできることではない。『箚記』を佐藤一斎《いっさい》に進呈したとき、一斎も、次のように述べている。

就中《なかんずく》太虚之説の御自得敬服致し候。拙《せつ》も兼々《かねがね》霊光の体は即ち太虚と心得候処《ところ》、自己にて太虚と覚え、其実《そのじつ》、意必固我《いひっこが》*之私を免れず。賊を認め子と為す之様《のよう》に相《あい》成り、認め難き事と存じ候。

（「一斎佐藤翁俗牘」『洗心洞箚記付録抄』所収）

『言志四録』において欲に善悪のあることを認めた一斎は私欲を否定しなかったように、良知を人間の本性になじみがたい禁欲主義と批判した。諸大名をはじめ幕閣・譜代直参《ふだいじきさん》層に道を説く一斎の実学主義に対して、学問を原義に即して解釈する平八郎の孔孟学*との相違であった[(11)]。

このように良知という禁欲主義的な高いハードルを自らに課すことで、誰も口にすることの無かった政治の公正を掲げようとしたのである。惰性に流された寄生的心情から脱出して、いかなる地上的権威をもってしてもそれに従わねばならない、太虚と云う自然と人間社会を包含する宇宙的秩序＝天の霊宝にすべてをかける姿こそが良知の至り着くところであった。

平八郎はそのために自らに共鳴する人材を必要とした。志を同じくする者を育成することであった。しかしその前に大きな事件が平八郎の前に立ちはだかっていた。

6 政治と社会的腐敗の告発

文政元年（一八一八）、平八郎を育てた祖父政之丞が死去したので菩提寺《ぼだいじ》の成正寺《じょうしょうじ》に手厚く葬った。その一方で曽根崎新地茶屋の大黒屋和市の娘ひろを、橋本忠兵衛の妹分として名をゆうと改め、妻に迎えた。身分違いのこと故《ゆえ》、祖父への配慮でそれまでは口にしなかったが、老祖母を抱える身としては自分に代わって日常的に親身になって世話をしてくれる誰かを必要としていた。祖父の死でその縛りも解けたので、かねがねその素養を見込んでいたゆうをむかえたのである。ときに平八郎二十六歳のことであった。

ゆうは女性としての立派な教養を身に着けていた。平八郎の信頼する友人の画家岡田半江《はんこう》が妻を亡くしたことから、なにかと子育てに苦労しているのではないかと推測して、ゆうに子どもの着物を仕立てて送らせた。ゆうはまた学問にもよく通じていた。門人疋田《ひきた》竹翁《ちくおう》の言によると、次のように述べている。

> 私が塾に居りました頃におゆうと申します妾《しょう》が置いて御座りました。此の人が又大そう豪《えら》い人で*大学を暗記して居られました位で、折節《おりふし》は先生に代《かわっ》て中庸や史記の講義を致されました。（中略）年は其頃二十歳許《ばか》りで美人と云ふ程では御座りませんが、流石《さすが》に確《しっか》りして居りました。

（「洗心洞余瀝」『反省雑誌』所収）

塾の運営のためにも内助の功が必要であった。

文政期に入ると平八郎の学識もようやく評価されるようになり、それに伴い次々と彼の人生に影響を与えた人物との交渉が目立つようになった。例えば玉造口与力坂本鉉之《げんの》助《すけ》もその一人であった。平八郎の槍術の指南である柴田勘兵衛の引き合わせで会った第一印象を、

人の噂にては殊之《ことの》外《ほか》短慮暴怒も有《あり》しやうに申候《もうしそうら》へども、貞《てい》などが接眉《せつび》の容体にては人の申様《もうすよう》にも見《み》請不《うけもう》ㇾ申《さず》、至極礼節等は正しく万端の話も至極面白く其度《そのたび》に益を得ること多く、文武とも貞等《ていら》より遥《はるか》に優りし人と思ひし、歳は貞より二つ劣り候、如何《いか》様《さま》妄《みだり》*に政道を是非する僻《へき》は有ㇾ之《これあり》候へ共、貞等が身には至極益ありと存居《ぞんじおり》候云々。

（『咬菜秘記《こうさいひき》』）

と語っていたように、平八郎への人物評価は客観的であった。とりわけ坂本は大坂城防備について、被差別部落の渡辺村住民を動員する平八郎の計画案（四四頁参照）には、卓見として大きな感銘を受けていたように、平八郎にとってもよき友を見い出したのである。

二人目の信頼すべき友人として画家の岡田半江との交遊があった。半江から絵を贈られたお返しに長編詩を送ると伝えて、先に述べたように母親のいない半江の息子に着物を贈ったように、二人の終生かわらざる友情は『洗心洞詩文』にみられるように親密そのものであった。

七日半江山人《はんこうさんじん》ト舟ヲ泛《うか》べ

近村ニ到ル即事《そくじ》
秋水洞明《どうめい》シ鏡白《きょうはく》ノ如シ
新芦《しんろ》畳累《じょうるい》シ雲多キニ似ル
堤上《ていじょう》 牛ヲ牽《ひ》クヲ窓ニ底《なん》ゾ織ラン
知ラズヤ何処《いずこ》モ是レ銀河ナラン
（『洗心洞詩文』）

秋の淀川を遡ると川の水が透き通るようにみえ表面も鏡のように白く光っている、今年芽を吹いた芦も雲が続くように重なり茂っている。堤を歩く牛の姿を舟から見ると、まるで一枚の絵のように見える。大きな淀川はどこを見てもまるで銀河のようだ。天も地も一体なのだ。

そして三人目の友人が頼山陽《らいさんよう》*であった。山陽からの書簡は文政五年（一八二二）の秋、半江から届けられた。はじめて両者が会ったのは文政七年（一八二四）春のことで、梅花社《ばいかしゃ》の篠崎小竹《しょうちく》の処に来たさいに洗心洞*にも足を運んだ。この時の詩文を次に掲げる。

春暁《しゅんぎょう》ノ城中　春睡《しゅんすい》多シ
檐《のき》ヲ遶《めぐ》ル燕雀《えんじゃく》　声虚《むな》シク哢《さえず》ル
高楼ニ上リ巨鐘《きょしょう》ヲ撞《つ》クニ非ザレバ
桑楡《そうゆ》日暮ニ猶《な》オ昏《ゆうべ》ヲ夢ミン
（『洗心洞詩文』）

大坂城下の町々はまだ春のもの憂い眠りでまどろんでいる。そのなかで燕《つばめ》や雀《すずめ》のさえずりのように梅花社あたりの儒者連の論議は中身のないものばかりだ。高楼に上って大きな鐘を撞かないと、梅花社あたりの連中は日暮の影が差しこんでいるのになお夕べの夢を見て眠り続けている、と同時代人に意識改革を訴えていた。

平八郎は山陽とあい知るなかで、山陽から小陽明と称され、

我れを知る者は山陽に若《し》くなきなり。我れを知る者は即ち我が心学を知る者なり。

（「亡友頼山陽之序と詩とを箚記付録に入刻する自記」『洗心洞箚記付録抄』所収）

と記したように、平八郎も、『日本外史』から少なからざる影響を受け、二人は来るべき時代を予見しあう関係にあった。

そして四番目の友人が幕府天文方の間確斎《はざまかくさい》であった。確斎は江戸に行くたびに平八郎から頼まれた書籍を入手しては平八郎に届けた。また佐藤一斎との連絡役としてなにかと便宜をはかったように、平八郎の学識を理解する真摯《しんし》な天文学者として支援を惜しまなかった。なかでも天保六年（一八三五）の『増補孝経彙註』は間確斎が版元になって出されたものであり『洗心洞箚記』の再版も天文堂が版元であったように、平八郎にとって大切な学友でありパトロンでもあった。

このようにその道々の開拓者的存在ともいうべき優れた人物との交流に見られるように、平八郎自身も時代の先端に立つ資質を備えていたことが窺える。

その一方、与力としても公正な判断力を発揮して町方《まちかた》に惹起した紛争、たとえば支配違いの天満の

両替商の身代限《しんだいかぎり》を救済するため、一旦は江戸表の意向を受けながらもそれを差しおいて、幕府への御用金への協力者であることを理由に職命をかけてその救済をはかったように、御用金を要求するだけでなく、幕府への協力者が困窮すれば救済すると云う、仁政の必要を西町奉行に訴えた公正かつ人情味豊かな役人として存在していた。

このような心ある処置に対して文政三年（一八二〇）、伊勢山田奉行より大坂東町奉行に着任した高井山城守の信任をえたのは、自然な成り行きであった。それは職務で多忙な平八郎にとって、*陽明学で云うところの*事上練磨《じじょうれんま》であった。かくして平八郎は時代の悪弊に向かって、命をかける重大な使命に立たされることになった。

これまで町役人として「吟味役《ぎんみやく》」「極印役《ごくいんやく》」を勤めてきた平八郎は、文政十年（一八二七）一月にはさらに「盗賊役」「唐物《からもの》取締定役」を仰せつかるようになった。そしてその四月に、高井山城守から京大坂にまたがる切支丹取り締まり事件の捜査を命ぜられた。

この事件は天帝如来《てんていにょらい》画像を所持してくずれ切支丹の秘術で世間を渡る水野軍記にかかわる事件で、その影響をうけた豊田貢などの詐欺事件の発覚から切支丹取り締まり事件として世上を騒がせた。その捜査に平八郎が当たることで豊田貢はとらえられて大坂で磔刑《たっけい》に、関係者五六人も永牢《ながろう》に処せられた大事件であった。この事件によって平八郎の名は一挙に江戸表にまで高まることになった。

続いて文政十二年（一八二九）、今度は大坂西町奉行所内に巣くう不正のかずかずに対する内部探索が命ぜられた。西町奉行の内藤隼人正《はやとのしょう》に属していた与力弓削《ゆげ》新右衛門は奉行の覚えをよいことに、その配下の天満を除く千日、四天王寺、鳶田《とびた》の三カ所非人《ひにん》に、新右衛門の妾の親である新町の妓楼主《ぎろうぬし》八尾新《やおしん》も加わり、事あるごとに非法無道な取り締まりを行い、その見返りに賄賂《わいろ》を要求する悪徳を重ねた。(12)

弓削新右衛門はこれらの悪行を黙認し、自らも悪徳に染まることで怨磋《えんさ》の的になっていた。これに対して大坂東町奉行の高井山城守は事態を見かね、平八郎に事件の解決を託した。

平八郎にとっても今回の事件は組違いといっても奉行所内のことであり、相手の配下からの反抗も予想されるので、平八郎自身にとどまらず妻の命まで危険にさらされることを覚悟した。そこで妻ゆうを養父先の橋本忠兵衛に戻して事件に備えた。

ゆうもこの時、剃髪して尼になり夫の仕事の成就を祈った。このように夫婦ともどもが命がけの覚悟を求められた。

いってみればこの事件は大坂奉行所内の不正を暴く政治的内部告発の大事件であった。従ってこれまでのように市中の犯罪を裁くのではなく、自ら属する政治機構に巣くう腐敗を告発する事件であっただけに、その掌《しょう》に当たる者は組織内において最も高潔な道徳性を備えた人物でない限り、到底その任務は果たしえなかった。

山城守の内命を受けた平八郎は、その心労の甲斐《かい》あって新右衛門を切腹に追い込み、関係者一同も獄門打ち首にして事件を決着させた(13)。

平八郎が尾張の宗家を尋ねる際に頼山陽から送られた文は、天下り役人によって治められた幕藩体制下の大坂についての優れた社会学的な分析であり、大塩の告発事件への着手がいかに幕藩体制にとって重要な意味を持つものであったかを遺憾なく述べたものであった。

方今海内の勢三都に偏《へん》す、三都の市《いち》皆尹《いん》あり、而て大阪最も劇《げき》にして且つ治め難しと称す、蓋《けだし》地大府に濶絶《かつぜつ》し、而て商賈《しょうこ》の窟《くつ》する所と為り、富豪廃居《はいきょ》し、王侯其の鼻息《びそく》を仰いで以て憂喜を為すに至る、尹の来り治《ち》する者、更迭《こうてつ》常ならざれば、乃ち属吏《ぞくり》子孫に襲《つ》ぎ、故事を諳《そら》んずること掌故《しょうこ》の如し。而て尹之《これ》が成《せい》を仰ぎ、成《せい》は賄《わい》を以てし、上を蠹《と》し、下を浚《さら》へ、猾賈《かっこ》に結び、閭閻《りょえん》に延《およ》び、黠民爪牙《かつみんそうが》と為る、乃《すなわ》ち藩服《はんぷく》の要人或は之が支党と為り、声気交通するに至る、尹心に之を知る、而《し》かも主客勢い懸《けん》し、苟媮傍観《こうとうぼうかん》す、

（「大塩君子起尾張に適《ゆ》くを奉送する序」『洗心洞箚記付録抄』所収）

いま日本の国の勢いは京大坂江戸に偏っている。そこへ幕閣から長官が送られている。大坂は経済活動の一番活発なところだけに、難しい問題が多い。ここは幕政の中枢から遠く離れた商人の集まる所で、豪商が物資を取引し、王侯為政者と雖もその鼻息を窺うほどである。

送り込まれた長官は常に交代するが、そのため配下の俗吏が代々職を継いで商慣習や法令を覚えることを職務と心得ている。そして長官が大きな成果と眺めるものは賄賂から生まれたもので、それは

上層の商人からは奪うように、下層の商人からはさらうように悪徳商人と結託し、その先は農民にも及び、ずるがしこい商人の手先になっている。幕府の要人が悪徳商人の仲間になり、声をかけあう関係になっている。長官はこれらのことをよく知っているが、もはや立場は逆になりながらも一時の事として見て見ぬふりをしている。

吏に良ありと雖も、衆寡敵《しゅうかてき》せず、浮沈容を取るのみ、近時に至るに及んで、乃《すなわ》ち吾が大塩子起《しき》あり、吏の羣《ぐん》に奮ひ、独立撓《たゆ》まず、克《よ》く其《そ》の姦を治め、国家の為めに二百余年の弊事を袪《のぞ》くと云ふ、蓋《けだ》し上に高井君の尹《いん》たるあり、能《よ》く子起を用ひ、子起以て其の手足を展《の》ばすことを得たるなり、子起の始めて密命《みつめい》を受くるや、自から事済《な》らば国を補《ほ》し、済らざれば家を破らんことを度《はか》る。家に一妾あり、之を出して累《るい》する所なからしめ、然る後籌《ちゅう》を運《めぐ》らし策《さく》を決し、親信を指呼し、発摘《はってき》意外に出づ、其の封豕《ほうし》長蛇たる者を斃《たお》し、首を駢《なら》べ戮《りく》に就かしめ、内外股栗《こりつ》す、乃ち其の贓《ぞう》を挙げて三千余金を得たり、曰く、是れ民の膏血《こうけつ》なりと、尽《ことごと》く之を小民に給す、

（「大塩君子起尾張に適《ゆ》くを奉送する序」『洗心洞剳記付録抄』所収）

たとえ役人のなかに立派な人があっても俗吏が多すぎて話にならない。そこで身を流れに任すだけであった。しかし大塩平八郎が現われて役人の先頭に立ち、不正を糺して徳川幕府二百年の弊害を除去しようとした。それも高井公の下に在ってこそ、平八郎がその能力を発揮することができたのだ。

平八郎が内命を受けたとき、事件を解決すれば国のためになるが、事が破れれば家を失うことにな

ると考えた。そこで妻に累が及ばないようにして事を進め、信頼する配下を指揮して摘発し、悪事を働いた張本人を死に至らしめ、それに従ったものを処刑した。この事件を見て町役人を始め世間の人々もみな恐れ慎んだ。そして彼らが庶民から巻き上げた三千余両を大塩は庶民のために分配した。

大塩の三大功績の最後が破戒僧の追求であった。文政十三年（一八三〇）に山城守より僧侶の不行跡の取り締まりを命ぜられると、平八郎は長いあいだ取り締まったことがないので、いま急に行うと裁判が増えて現場が混乱してしまう。それよりも手始めは訓諭《くんゆ》の触れを出し、それでも行跡が改まらないのであれば、その時に摘発すべきではないかと建言した。

大坂では葬を厚くする習慣があり、葬儀もすべて営業化して営なまれていた。そこから、おのずと寺院は裕福になった。それが僧侶の腐敗となり婦女を寺院に連れ込むなどの放逸を許した。かくて訓諭に従わない非《ひ》行僧《こうそう》を数十名とらえて遠島《えんとう》に処した。これが破戒僧遠島一件であった[14]。

平八郎にとっての三大功績はいずれの事件をとっても重大事件で、それを解決した能力は極めて優れた才能によるところであった。かくして官紀が粛清され宗教界にも警鐘を与えるものであった。

7　洗心洞塾・大塩後素

平八郎が朱子学*の形骸《けいがい》化から離脱するために悪戦苦闘していたころ、その真摯《しんし》な姿勢に共鳴して教えを乞うものが現われた。それが般若寺《はんにゃじ》村《むら》庄屋の橋本忠兵衛であり、守口町の白井孝右衛門の縁者で弓奉行を勤める上田五兵衛組同心の竹上万太郎であった。彼らは文化八年（一八一一）から十年にかけて入門した。そして文化十四年頃に平八郎は呂新吾の『呻吟語』に接し、ようやくながい迷妄から覚めて*陽明学にたどりつき、『古本大学』と『伝習録』を手にすることで陽明学的認識論を体得していった。

平八郎の陽明学は寛政異学の禁のなかでの再発見であった。それは中江藤樹《なかえとうじゅ》・熊沢蕃山《くまざわばんざん》いらいの道統を継ぐものではなく、中国からもたらされた『呻吟語』を媒介とする再発見であった。

*学問にようやく独自色を発揮し、職務においてもますます*事上練磨《じじょうれんま》することで平八郎の学名も次第に人の知るところとなった。後に『咬菜秘記《こうさいひき》』を書き残した城付きの与力坂本鉉之助《げんのすけ》も、文政四年（一八二一）に初めて平八郎を訪ねたように*洗心洞の存在感は次第に高まっていった。

文政五年に坂本が平八郎と再度あった折、大坂城の防備について平八郎に尋ねられて返答に窮したとき、平八郎から渡辺村かわたの差し出した掟書《おきてがき》を示され、摂津役人村による大坂城防備策について聞かされた。

平八郎は市中における火急の災害時に出動する役人村人足が、これまでどれだけの犠牲を払い功績をあげたかを述べ、身命を懸けて職務に精励するのはかわた村を除いてないことを告げたのである。[15]坂本はこの話を聞き自らの考え及ばなかったことを大いに恥じ、平八郎の器量の大きさに感嘆した。

文政七年（一八二四）に初めて頼山陽《らいさんよう》*の訪問を受け、肝胆相照らすなかでかたい交わりを始めた。平八郎は山陽を迎えて意を強くし、大坂市中でまだ訓詁《くんこ》註釈主義や詩文の学に低迷している梅花社など、朱子学派を目覚めさせなければならないと、山陽が来阪したときにその心境を詠んでいた（三七頁参照）。

文政八年、平八郎も三十三歳を迎えるなかで寄宿生も増加し、学塾を整備する必要から、年初に当たり洗心洞入学盟誓八条を制定した。それによると、一に「忠信を主とし、聖学の意を失うべからず」とあるように、誠を軸にして聖人*がめざした学問の意味を失ってはならないとし、それを破ったものには罰として貧富に応じて経史《けいし》を購入して寄付させた。二は「学の要は孝悌仁義《こうていじんぎ》の躬行《きゅうこう》に在り」とあるように孝*即ち仁*を自ら行うことにあった。そのために小説などの雑書を読むことが禁ぜられ、それを犯せば子供であれ青年であれ鞭打《むち》つことが定められていた。

三は毎日の学業は経書《けいしょ》を先に詩章は最後にすると定められ、それを逆にした場合も鞭打つとされた。四は悪友に交わり素行を乱すことの禁止が定められ、五は入塾生の私用の出入りが禁じられ、帰省といえども平八郎の許可なしに行動した者は鞭打ちの譴責《けんせき》をうけることになった。

六と七においては家事に異変が生じた際の相談、冠婚葬祭の際の報告を規定し、これは憂喜を共にせんとする趣旨であった。

八には家族が公罪を犯した場合、法の裁きを受けなければならないので十分注意するよう指示されていた。

この時、年少者のために『児童日課大略』も定められた。それには毎朝、卯上刻（午前四時）に起き、身なりを整えたら新理書を読み、読み終わると退席して十回読み、疑問のないようにする。その後に旧理書を読みこれも疑問のないように十回読み、それが終わると書写し、さらに詩文を拝誦し、最後に作詩について学ぶと一日が終わり、酉の中刻（午後七時半）に就寝することになっていた。洗心洞の生活は決して生やさしいものではなかったことは門人西村履三郎《りさぶろう》の書簡でも述べられていた(16)。

また、

在塾ノ童冠《どうかん》日ニ旧習ヲ改メルニ一喜《いっき》一懼《いちく》ス、此詩ヲ賦《ふ》シ以テ之ヲ戒《いまし》ム

においても、次のように詠んでいた。

自ラ遊嬉《ゆうき》ヲ棄テ来《きた》リテ仁ヲ聴ク
憐《あわれ》ム可《べ》シ万死《ばんし》シテ身ヲ修メント欲スルヲ
群書ヲ看了《みおわ》ルハ長年《ちょうねん》ノ後《のち》
能《よ》ク初心ヲ守ルハ更ニ幾人ゾ

（『洗心洞詩文』）

塾生たちは世間的楽しみを捨てて仁の思想を学びに来た。なんとけなげなことであろうか、塾生は懸命に取り組もうとしている。そのために多くの書物を学び終えるには長い年月が必要だ。それに耐えてよく初心を貫き学び終えるものは、果たしてこの中に何人いるだろうか。心して学ばないと洗心洞

は甘くはないぞと、平八郎は塾生の成長を見守っていた。
また端午《たんご》の節句にあたり塾童の状況を、次のように詩文にしている。

旌旗《せいき》亦《また》是レ桑蓬《そうほう》ノ意
誰《たれ》カ暗誦《あんしょう》セザル天下ノ英《えい》
試《こころみ》ニ看《み》ン成童《せいどう》弱冠《じゃっかん》ノ後《のち》
半バ鸚鵡《おうむ》タリ半バ猩々《しょうじょう》タラン

（『洗心洞詩文』）

端午の節句の鮮やかなのぼり旗は、云うまでもなく男の子が大きくなって四方に活躍するようにとの親の願い事である。誰が天下国家に秀でることを口で言うことができるだろうか。すこし私の洗心洞で学ぶ塾生を見ても、まだ子供からすこし成長した少年か、二十歳過ぎの若者で、その半ばはおうむのように口真似で繰り返し教えなければならないし、残りの半分もまだまだ修身*を積まなければならない猿のような未熟な者たちで、親から託された洗心洞の教育も並大抵ではない、と語っていた。

この年、中秋の名月の日に洗心洞で講義が行われた。そのときの情景も次のように七言絶句にした。

乙酉《きのととり》八月十五日夜、朋《とも》ト会シ大学*ノ上《かみ》ヲ悪《にくむ》ノ章ヲ講ズ、
一時興起《こうき》スル者少《すくな》カラズ、因《よっ》テ賦《ふ》ス

偶《たま》マ同朋《どうほう》会ス　是ノ仲秋
簾前《れんぜん》ノ桂影《けいえい》　西ニ流レテ謾《あざむ》ク

各《おのおの》霊台《れいだい》ニ認メン　別ニ月有リ
寧《いずくん》ゾ児女ニ随《したが》イ南楼ニ上《のぼ》ランヤ
（『洗心洞詩文』）

この日『大学』の最終章の講義が行われていたとき、それに感奮する塾生があり、平八郎も感じるところがあって*太虚としての月に自分の心を映すことで、*良知を取り戻すことを期待して詩作に及んだのであろう。たまたま洗心洞の仲間が集まって仲秋の月見を催した。簾《すだれ》の前の月影はまるで川のように西に流れて人の目を欺く。天体観測に用いる物見台から見える月は、全く別の月のようだ。どうして今夜は子供たちについて南のやぐらに登らなければならないのだろうか。いや今宵は子供たちにも人の心を映し出す太虚を教えなければならないからだ。

この頃になると洗心洞を支える門人集団が形成されようとしていた。例えば洗心洞の財政を支えたと云われる白井孝右衛門は文政八年の入門であった。この白井家に平八郎が出かけた時の詩文がある。

白井子近ク王学ノ書ヲ読ム、而《しこう》シテ心得《しんとく》セン焉《や》、吾一日之ヲ訪ヌルニ
隣壁《りんぺき》即チ倡家《しょうか》ノ絃声《げんせい》喧《かまびす》シ、因《よっ》テ短ク述ブ
明鏡《めいきょう》洗磨《せんま》シ陰無《かげなか》ラント欲ス
研醜《けんしゅう》分明《ぶんめい》シテ各《おのおの》臨《のぞん》デ畏《おどろ》カン
政柄《せいへい》君侯《くんこう》ヲ握《にぎ》リ令《し》メンガ如シ
安《いずくん》ゾ知ラン鄭声淫《ていせいいん》ヲ放《はな》タズヲ
（『洗心洞詩文』）

白井氏が王陽明を読むと云うが会得できるのだろうか。一度訪ねてみると隣家は遊女屋でやかましい限りだ、と前置きし、自分の心を明鏡にするには人欲などの陰を洗い落とさなければならない。そうすれば物事の美醜もはっきりして、その場に臨んでも自分を見失うことはない。例えば政権を執るということは君主を自分の手に握りしめるようなものだ。それにしても淫《みだ》らな三味線の音を静かにさせるには、どうしたらよいのだろうか、と思案する様子が詠われていた。*

洗心洞の門人を見ると三つのグループに大別することができる。その一つは橋本忠兵衛や白井孝右衛門などに見られるような大坂近郷の富農層出身者で、洗心洞を財政的に支えた人々であった。二つめは東組同心渡辺良左衛門や東組与力瀬田済之助のような平八郎の人格と識見に私淑した大坂町奉行所東組内の与力同心層であった。三つめに宇津木靖、松本乾知、松浦誠之、但馬守約コト田結荘千里《たゆいのしょうせんり》らの、平八郎の著作を校閲したり跋文《ばつぶん》を書いたり版下《はんした》のために原稿を清書するなど、平八郎の著作活動を支えた知的グループがあった。

このように見てくると洗心洞には平八郎の指導理念に基づく活気あふれる思想集団が形成されていたと云えよう。洗心洞の名声が高まる中で、既成の学問に飽き足りなく思う人々が集まるようになったのは自然の勢いであった。

ところで文政九年（一八二六）、平八郎は病に取りつかれ床に就いたことがある。その時次のように詠んだ。

心憂《しんゆう》未《いま》ダ愈《い》エズ身痾《しんあ》ヲ発ス
薬鼎《やくてい》医ヲ経テ日々ヲ過グレバ
籬《かき》ノ菊幾時《いくとき》カ灌漑《かんがい》ヲ欠ク
重陽《ちょうよう》ニ著《つ》ク花多クシテ合《おなじ》カラザルヲ

（『洗心洞詩文』）

知人の近藤重蔵のことか、凶作による農村の動向のことか、また平八郎に子どもがないので養子を宗家から迎えたいと望んでいた経過のことか、心配事がまだ解決されないのに自分の体の方が病気にかかってしまった。医者から処方された薬を煎《せん》じて飲む毎日を過ごしていたので、つい垣根の水やりを何回か忘れてしまった。そのため花の蕾《つぼみ》が沢山ついたのに菊の節句に合わせて咲いてくれない。植物でも手を抜けば季節に向かって一斉に咲かないように、まして門人の教育には一層手が抜けないのだ。

同じ時に、次のような詩文も詠んでいる。

憂慮《ゆうりょ》ハ親《した》シキト雖《いえど》モ未ダ知リ易《やす》カラズ
病軀《びょうく》ト貧業《ひんぎょう》ハ飴《やしな》イ含《つつ》ムニ似ル
星有リ彗《ははきぼし》ノ如ク東方ニ出ズ
俯《ふ》シテ妖祥《ようしょう》ヲ考ウルモ寐《い》ネズノ時

（『洗心洞詩文』）

世の中の心痛は身近な事でもなかなか解《わか》らないことが多い。それにしても自分の病身と恵まれない仕事のあいだには互いに影響しあう関係があるのだろうか。夜空に東の方から彗星が現われるようになった。体をうつぶせにしてこれは吉凶いずれのことかと考えると、なかなか寝つかれない。これからの世の中はどうなってゆくのだろうか、それにしてもよくなる兆しは何も見えないのに、と平八郎はため息をついていた。

　病に伏せったこの時、平八郎は高井山城守に辞職を申し出たが慰留された。ともかく平八郎には子供がなかったので、後継者として養子を名古屋の宗家に求めたが、事は思うようには進まなかった。そこで祖母の西田家から格之助を迎えることになった。

　天保元年（一八三〇）、信頼すべき東町奉行高井山城守の辞任に伴い、与力として十分な仕事をしてきた平八郎も致仕《ちし》して自由の身となり、魯仲連《ろちゅうれん》の節義に感じて連斎と号した。そして「招隠《しょういん》の詩」を賦し、自らが仕えた高井公のもとでの三大事件の経過を述べ、公の辞職に従うことで招隠＊（隠者の賢士を招き寄せること）の心を共にせんとした。またその時の心境を、次のように詠んでいる。

　昨夜閑窓《かんそう》シ夢始メテ静カ
　今朝《こんちょう》ノ心地《しんち》ハ僊家《せんけ》ニ似《に》ル
　誰《たれ》カ知ラン未ダ乏素《ぼうそ》ニ交ワル者
　秋菊東籬《しゅうぎくとうり》ニ潔白《けつぱく》ノ花
（『洗心洞詩文』）

辞職した昨夜は初めて人の出入りもなく静かに夢みることができた。そして今朝の気分はあたかも仙人のようだ。そしていまだ貧しくとも誠のある人を友として私が交わっていることを誰が知っているだろうか。光のさす東の生垣には秋の菊が私の進退の潔さを現わすように白い花を咲かせている、と平八郎はいよいよ洗心洞をつかさどる学者として心を太虚に帰すことをめざした。

『洗心洞劄記』上巻五九条に、

吾れ既に職を辞して隠《いん》に甘《あま》んじ、険を脱して安《あん》に就く。宜しく高臥《こうが》して苦労を舍《す》て、以て自性《じしょう》を楽しむべし。然《しか》れども夙《つと》に興《お》き夜《よわ》に寝《い》ね、経籍《けいせき》を研《けん》し、生徒に授くるものは何ぞや。此れ是れ事を好むにあらず、是れ口を糊《のり》するにあらず、詩文の為めにせず、博識の為めにせず、又《ま》た大いに声誉を求むるを欲せず、再び世に用ひらるるを欲せず、只《た》だ学んで厭《あ》かず、人を誨《おし》へて倦《う》まざるの陳迹《ちんせき》を扮《よそお》ひ得るのみ。世人怪《あや》しむ莫《な》かれ、又た罪する莫かれ。嗚呼《ああ》、心太虚に帰するの願ひは、則《すなわ》ち誰か之を知らんや。我れ独り自ら知るのみ。（『洗心洞劄記』）

とあるように平八郎は塾生の教育と著作活動に専念し、自らは心を太虚に帰す即ち公正無私の立場を追求することをめざした。

ちなみに平八郎にとっての公正無私とは社会的公正の意で、それは社会的平等といってもよいが、それを求める心の謂《い》いであった。そのなかで自らの学問的性格を『洗心洞学名学則並読書書目』で明らかにしたところである。*

なにはともあれ平八郎は儒教内の学派的対立を克服しようとしていた。その背景には寛政異学の禁もあるが、それより儒教が発生した原点に立ち戻り、そこで行われていた夏殷周《かいんしゅう》の聖王達の政治的実践と理念を集大成した孔孟思想に学ぶことで、訓詁註釈的些末《さまつ》主義を払拭して儒教そのものの在り方を根底から再構築するためであった。

近世末の朱子学は礼教主義に沈潜し、学問としての精気を喪失していた。わざわざ昌平坂で学んだ篠崎小竹《しのざきしょうちく》も、大坂に帰れば詩文の師として名を成し、頼山陽《らいさんよう》も朱子学者の父親との葛藤のなかで詩文と歴史学をもって一世を風靡した。このように儒学から文学としての詩学が独立し、名分《めいぶん》論的史学に対して公私の立場から歴史を見る史学が誕生するなかで、朱子学自体の革新として水戸学が現われた。また朱子学の殿堂を預かる佐藤一斎でさえも陽明学的知見なしに、もはや儒学を維持することができなくなっていた。

このとき平八郎のとった立場は、学派を超越することで学問そのものを再生することにあった。中国清代の朱子学者・陸隴其《りくろうき》は、陽明学的良知を批判することで陽明学知見をことごとく否定した。そして我が国でもその影響を受けて陽明学が批判された。そのなかで平八郎は同党異伐《どうとういばつ》*の弊を脱することで儒教的認識論の危機を克服しようとしていたのである。まさに『洗心洞学名学則』は近世儒学に対する改革宣言であった。

平八郎は大学、中庸《ちゅうよう》、論語など六経《りくけい》（詩・書・礼・楽・易《えき》・春秋）はみな孔子の刪定《さんてい》したもので、これらを学ぶので孔孟学と云うのだと説明した。それに対して毛鄭賈孔《もうていかこう》の学は経書《けいしょ》の註釈学であり、程《てい》*

朱《しゅ》の学は経書の精微な性命の根底を解き明かしたものであり、陽明学はそれらにたいして易簡《いかん》の要を掲げたものである。仁斎《じんさい》や徂徠《そらい》学は更にそのごく僅かなことに言及するものである。

　要するに孔孟学とは仁を求めることに尽きる、と平八郎は断言した。云うまでもなく仁とは前近代社会では為政者が庶民に仁政を行うことであり、さらに掘り下げていえば生活困窮にあるものを人として救済することで、いかなる時代においても社会が必要とする人間愛から生まれた営みである。この仁を実現させるためには社会制度を越えて、為政の掌《しょう》にある者は庶民の生活を知らなければならない。それを認識すればその実現のために財を投じなければならない。しかし幕藩体制の安泰を願うことを第一義とする幕閣官僚層にはもはや仁政は望みえない社会状況下にあった。

　とするならば平八郎の仁政要求は幕藩体制の壁を打ち破る方向でしか打開の道はなかった。平八郎は今そこに立たされていたのである。そして儒学の再生に目覚めた平八郎は、この仁の心こそが人間に備わる生命原理としての孝の発露とした。平八郎はかくしてこの孝〈人間愛〉を軸とした哲学を追求しようとしたのである。『洗心洞学名学則』において次のように述べている。

　然《しか》り而《しこう》して孔孟数千百歳以前、既に数千百歳後、諸儒各《おのお》の意見を争ひ、宗《しゅう》を立て派を分け、以て同室の闘ひを為すを逆知す。故《ゆえ》に孔子、孝経*を以て曽子《そうし》に授け、而して之を至徳要道*と謂ふ。孟子また曰く「堯舜《ぎょうしゅん》之道は孝弟のみ」と、是を以て之を考ふるに、則ち四書六経《ししょりくけい》の説く所は多端と雖《いえ》ども、仁の功用、遠大と雖ども、其れ徳の至り、其れ道の要《かなめ》は、只《ただ》孝に在るのみ、故に我《わが》学は孝の一字を以て、四書六経の理義を貫かん。（『洗心洞学名学則』）

孔孟の教えが成立するまでの間、堯舜の教えが諸儒の勝手な解釈で対立したので、孔子は『孝経』を曽子に授け至徳要道の道を説き、孟子も「堯舜の道は孝弟のみ」と説いたように、孔孟の教えを説く四書六経は色々と解釈されてきたが要は道徳の根源、道徳の基軸は「孝」にあることから、私のめざす学問は他者に仁愛の心で接する「孝」の精神で孔孟の教えを貫くことにあるとした。これはなんと堂々たるヒューマニズムにあふれた哲学宣言ではなかろうか。近世日本思想史に燦然《さんぜん》と輝く人間愛の哲学がここに形成されたのである。残念ながら人間の不平等を追求した西洋流のルソー思想を評価しても、このような人間関係を横につなぐ平八郎の孝哲学については三宅雪嶺《みやけせつれい》を除いて、日本に哲学なしと言い放った中江兆民《なかえちょうみん》以来、近世思想史学も全くその思想的意義を見失ってきた。

さて洗心洞はこれを機にますます思想集団として切磋《せっさ》琢磨《たくま》されていった。平八郎は毎朝八つ時（午前三〜四時）に起き天体観測をし、そのあと門人に講義した。冬でも部屋の戸があけ放たれたので門人は閉口したそうであるが、平八郎は泰然自若としていたということである。

天保二年（一八三一）のこと林大学頭《だいがくのかみ》家の家政が困窮して、執事が大坂にきて頼母子《たのもし》（無尽《むじん》）講《こう》を募るために与力八田五郎左衛門を頼ってきた。そこへ事情の知らない平八郎も呼びだされて話を聞くなかで、八田も確たる私案のないところ、平八郎は天下の学政をつかさどる林家が商家まがいの頼母子講に頼ることに異議を唱え、明日を約してその場を辞去した。

平八郎はさっそく門人の白井孝右衛門と橋本忠兵衛を呼び、林家の実情を話して金千両を用立てる仲介人になった。これは田結荘千里《たゆいのしょうせんり》の聞き書きであるが、どうやらこれがことの真相のようである。平八郎はなんの条件も付けずに林家の困窮を救った。後に、事件に先立ち『大塩平八郎建議書』を江戸に送付したなかに林家への借用書があったが、思えば林家から『建議書』を幕閣に提出してもらいたいとする強い願望が込められていたのではなかろうか。

8 『洗心洞劄記』とその奉納・焚書一件

天保四年（一八三三）春、『洗心洞劄記』が家塾版として出された。この時、門人から文政六年（一八二三）いらい稿を重ねてきた『古本大学刮目《こほんだいがくかつもく》』を出すよう求められたが、平八郎は時期尚早としてこの申し出を許さなかった。その理由は、

間《ちかご》ろ竊《ひそ》かに儒先（前代の儒者）の説を輯録《しゅうろく》して以て是《こ》の経《けい》を釈《しゃく》し、因《よ》りて名づけて古本大学刮目《かつもく》と曰ふ。秘して未だ敢て諸《これ》を我が社の子弟に伝へず、況《いわ》んや佗《た》をや。然《しか》れども其の斯《こ》の編摩《へんま》の労に与《あずか》る者、余《われ》に請うて曰《いわ》く「之を剞劂《きけつ》に付《ふ》し（版木に彫って刊行する）、以て世の同志に恵《おく》れば、則《すなわ》ち幸甚《こう》だし」と。余《わ》れ乃《すなわ》ち辞して曰く、「何ぞ敢《あえ》てせん、何ぞ敢てせん。夫《そ》れ自《みずか》ら経に註すること固《もと》より難し。諸説を折衷《せっちゅう》して以て之を釈《しゃく》すること尤《もっと》も難きなり。（後略）」　（『洗心洞劄記』）

と述べたように、平八郎はかねがね前代の儒学者の説を集めて『*大学』を註釈し、それに『古本大学刮目』と名付けていた。しかしこれは秘本で門人にさえ見せず、まして世間に流布するなどはもっての外である。しかし『古本大学刮目』の編集に協力した門人から、同書の出版の意義を説いて、版行を求められた。しかし平八郎はそのようなことはとても出来ない、経典の註釈には慎重のうえにも慎重を期さねばならず、かつて程伊川《ていいせん》も自註を火にかけ、朱子も死の直前まで改本大学の校訂を重ねたことを例に挙げて断り、その代わりとして出されたのが『洗心洞箚記』であった。しかし門人は『古本大学刮目』以上に『箚記』が世に伝われば、

「(前略)則ち百毀千謗《きぼう》、必ず此は彼より甚だしからん。何となれば則ち先生の学を論ずること、人情に協《あ》はざるもの五有り。一に曰く、*太虚《たいきょ》。二に曰く、*良知を致す。三に曰く、気質を変化す。四に曰く、死生を一にす。五に曰く、虚偽を去る。夫《そ》れ太虚は、釈老(仏教と老荘の哲学)に似たり。良知を致すは、朱学に敵す。気質を変化するは、客気《かっき》勝心者の難《かた》しとする所、死生を一にするは、凡庸怯懦《きょうだ》の輩《はい》の忌《い》む所、而《しこう》して虚偽は則ち中人已下《ちゅうじんいか》、无始《むし》の妄縁《もうえん》の其の血肉の間《かん》に攙和《さんわ》せざる者鮮《すく》なし。故に一として其の意に逆《さから》はざるは無し。世の悪《にく》みを免れんと欲するも得んや。(中略)先生宜《よろ》しく三思すべし」と。

(『洗心洞箚記』)

門人から『古本大学刮目』以上に『箚記』が刊行されればその重要概念である、太虚、良知を致す、気質を変化す、生死を一にす、そして虚偽を去るのそれぞれが、*朱子学を学ぶ者や凡庸の輩《やから》から中傷

非難されるから、十分考慮するよう指摘された。それに対して平八郎は『劄記』に取り上げられたことはいずれも「先賢の成語」で、自分がその意義を明確にしただけであるから心配はいらないと答えた。このようにして出された『劄記』は、それではどのような概念から構成されていたのだろうか。

元来『劄記』体と云えば読書ノートと即断されるが、平八郎は諸賢の書を読むなかで劄記体は前後が錯雑してわかりづらい所から、自著は安排布置《あんばいふち》に近い形態だと称していたように、意識的に文章の配列は自らの思想を構成する基軸概念を軸に展開していた。

ちなみに『劄記』の冒頭では太虚について述べ、第二条では天と人心の関係についてふれ、第三条ではこれから展開する自らの言説の根拠・視点を示し、第四条から七条は心中の虚としての心について述べていた。このように大塩思想の重要概念が理解されやすいように、太虚や良知については繰返してその本体と形相の関係として述べられ、それに関連する事項を陽明学的に解説するなど配列が工夫されていた。さらに一段落が終わると、学修方法（心法）を挿入して陽明学的思想方法の修得がはかられた。そして『劄記』上下の巻末には、それぞれ思想史的視点から先行儒学の総括が試みられ、孔孟学としての道統が示されていた。これだけをとっても類書に見ない中国明代の陽明学的思想史と云える作品であった。(17)

さらに『劄記』を補完するために姉妹編として『儒門空虚聚語《じゅもんくうきょしゅうご》』が書かれた。本書は『劄記』における太虚論が『論語』に始まる儒教史のなかで、連綿と継承された概念として存在してきたことを明らかにしたもので、まさに太虚に関する用例辞典であった。このように太虚は平八郎によってはじめて儒教思想史上の基軸概念として定着させられた。

その理由は〈中〉や〈仁〉*という儒教の基軸概念が、孔子の弟子の子貢《しこう》や子路《しろ》を以てしてもなかなかそれに至ることが出来なかったのは、

> 是れ佗《た》なし、太虚を以ての故なり。夫《そ》れ太虚は形無くして霊明、万理万有を包括し、而して播賦《はんぷ》流行す、人これを稟《うけ》て以て心となす。心は即ち虚にして霊、中是《ここ》に於《おい》て在らんや。仁是に於て存せんや。而して万事出《い》づ。　（『儒門空虚聚語』自序）

と述べるように、孔子の弟子でも太虚についての認識を欠落させていた。その原因は空についての解釈をこれまで仏教まかせにしてきたためである。太虚は目に見えないがはっきり示された不思議な働きで、すべての道理すべての存在を包含して、どこにでも現われ、人はこれを受け入れて自らの心としている。心は虚なる処で公正な判断力の中も、他者への仁もみなここから生まれる。それは人間存在の位育の功、即ち人間の存在は生産活動により生命を維持するところに、人間認識としての学問*も成立してきたことを自覚したとき、儒学がそのことを疎《おろそ》かにしたことへの反省であった。それに対して、学問の根本を決定づける概念の再構築を、儒教界に提起したのが平八郎の『聚語』の意義であった。

儒教概念で云う太虚、それを近代的に表現すれば宇宙の原理から解読しようとしたのが平八郎の孔

孟学であった。例えばヘーゲルが宇宙を絶対精神（理性）の顕現として解読したように、また西田幾《き》多《た》郎《ろう》が世界の根源を有を包含する無の絶対矛盾の自己同一として認識したように、平八郎も太虚でもって宇宙が包含する世界を解読しようとしたのである。

しかしこのような平八郎の学問方法に対して梅花社あたりからは「天満風《てんまふう》のわがまま学問」と非難されたり、また『儒門空虚聚語』についてもその刊行に際して猪飼敬所《いかいけいしょ》に稿本を贈った折に敬所から校讐《こうしゅう》を受け、それを「追鐫《ついせん》猪飼翁校讐之記」として巻末に掲げたことから敬所の不興を買い、その挙句は、

余が我習ありて従はざる様に譏《そし》りし意あり、余已に七十余、彼が聚《あつむ》る空虚の説、幼年熟知する所にして厭《いと》ふて棄《すつ》る者、自《みずから》大なりとして人を小にす、可ㇾ笑《わらふべし》の甚なり云々

（「谷三山への書簡」『中斎大塩先生年譜』所収）

と吐き捨てるように貶《けな》された。しかしこれは敬所の学識にはない平八郎の哲学構想の問題で、近世儒学の訓詁註釈的思考のなかに止まるものと、それを打破せんとするものの違いであった。

平八郎が『洗心洞箚記』を出したとき、信頼すべき知友三十六人に献本したが、中でも江戸にある林家の塾頭・佐藤一斎に丁重な真文《まな》の書簡を添えて友人の天文方間 重富《はざましげとみ》に託した。この書簡において平八郎は一斎の『愛日楼集』を読むことでその人となりを知り姚江《ようこう》の学にも通じているところから、自らの今日までの来歴について真摯《しんし》に語り教えを請わんとした。それに対する一斎から復書のなかで、

（前略）就中《なかんずく》太虚之説の御自得《ごじとく》致二敬服一候、拙《せつ》も兼々《かねがね》霊光之体即太虚と心得候処《こころえそうろうところ》、自己にて太虚と覚え、其実《そのじつ》*意必固我《ひつこが》之私を免れず、認レ賊為レ子《ぞくをみとめことなす》之様に相成《あいなり》難レ認事と存じ候、貴君精々此所御着力被レ成《なされ》候へば即ち御得力爰《ここ》に可レ有《あるべし》レ之と存じ候。

（「一斎佐藤翁俗牘」『洗心洞箚記付録抄』所収）

と、霊光の体を太虚と心得ているが、自分で太虚と思ってもそこに意志や感情の私意が忍び込み、なかなか*公正無私な心になるのは難しいことだ、と意見を寄せてきた。いま一つは林家における一斎の立場として、陽明学は自分の戒めとして読んでいるもので、教授は宋学でおこない、多くの諸侯を相手にいろいろ相談に乗るので、学派を主張するなどは意味のないことで、自分としてはそれぞれ国家の経営に役立つよう実学に心を入れていると答えた。平八郎にとっては全く期待外れの返事に終わり、がっかりさせたことは事実である。

『洗心洞箚記』の完成に際して平八郎の考えたことは、『箚記』を富士山頂石室へ奉納することと伊勢朝熊ヶ岳《あさまがだけ》で燔《や》くことであった。

陋撰《ろうせん》の『洗心洞箚記』ここに成る。而《しこう》して社弟輩諸《これ》を学家塾に刻む、後素《こうそ》其の一本を以て伊勢朝熊嶽絶頂にて燔《や》き、以て天照太神に告げ、而して一本を富士岳の石室に蔵し以て人を俟《また》んと欲す、是乃《すなわ》ち意在る有り、而して人の知る所に非ざる也。

（『奉納書籍聚跋』）

何故このような行為をするかについては、自分には意図するところがあるが人に一々告げることではない、と口を閉ざしていた。しかしこの一連の行為をどのように理解するかに、大塩思想と大塩の乱との関係を解明するうえで極めて重要な鍵が隠されていた。

ところでこれまでこの行為について井上哲次郎が、

彼れ其の箚記に寓せる精神を不朽に伝へんとするか、或は其の記する所を以て神明に告げんとするか、抑々《そもそも》又将《まさ》に来たらんとする災難を予想して、其書を万一に救はんとするか、何《いず》れにせよ奇異なる所為といふべきなり。（『日本陽明学派之哲学』）

と述べるように、『箚記』執筆の意図を後世に伝えるためか神明に告げるためか、いずれにせよ奇異な行為である、と評した。この石室奉納・山頂燔書《ばんしょ》一件については諸家の評論(18)があるが、一番平八郎の心情に則して言及していたのは同時代の浅井仲倫であった。浅井は平八郎の外舅に当たっていただけに、

而《しこう》して其の書を勢廟《せびょう》神庫に献じ、復《ま》た富《ふ》嶽《がく》石室に納むと聞けり、於《あ》戯《あ》、是れ誠心天に告げ、諸《もろもろ》を鬼神に質《ただ》して繆《あやま》らず、百世以て聖人を俟《ま》つて疑はざるの意なるか、大《おお》いなるかな志や、道を体する者にあらずんば、それ誰か能《よ》く是《かく》の如くならんや。＊（『洗心洞箚記付録抄』）

と述べるように、平八郎の行為は誠の心を天に告げ鬼神に質《ただ》して誤りのない道理を、遠い時代の聖人の再来に望みを託した心情のあらわれである、と解した。恐らく平八郎もそのように考えて行ったのであろう。

天保四年（一八三三）七月十日、平八郎は門人白井孝右衛門と窪田玄政の二人と家僕を連れて富士山頂をめざした。同月十七日に山頂に達し石室に『箚記』を奉納した。

　富士山ニ登ル
口ハ太虚《たいきょ》ヲ吐《は》キテ世界ヲ容《い》ル
太虚口ニ入リテ又心ト成《な》ル
心太虚ト本一物《もといちぶつ》
人能《よ》ク道ヲ存スルハ只今《ただいま》カ
（『洗心洞詩文』）

富士山は火口から太虚を噴き上げることで天地の全てを受け入れる。この太虚は人の口に入ると人の心に成ってしまう。人の心と天の太虚はもともと一体のものなのだ。このように太虚に帰することを求める陽明学が世に求められているのは、今それを必要としているからだ。

富士下山後は参州吉田から船で伊勢に向かった。

平八郎が富士・伊勢行きを決めた直前の七月一日に、伊勢の御師《おし》で国学者の足代弘訓《あじろひろのり》の訪問を受け、その際、朝熊岳は伊勢信仰と直接関係がないので『箚記』を山頂で燔《や》くことを止めて神宮の両文庫に奉納するよう勧められた。そこで足代の言に従い両文庫に奉納することにした。この時、文庫内を閲覧したところ、世人にまだ受け入れられていない*王陽明全集があるのに、人々が信奉する朱子文集がなかったので平八郎はすぐさま寄贈を申し出た。

是れ後素《こうそ》情を矯《た》め而《すなわ》ち故《ことさら》に之を為すに非ざる也。只だ学力微弱、材識拙庸《せつよう》、而《しこう》して身既に隠るを以てす、安《いずくん》ぞ頽《たい》を振ひ衰《すい》を助くの志を伸《のば》し得ん、故に朱子の心を真知し、誠に朱子の学を体し、而して生死禍福を顧みず、以て世道の人心を扶助するの一大賢儒、また我が扶桑《ふそう》之東に出《い》で、陋《ろう》染偏執《せんへんしつ》の習《ならい》を一洗《いっせん》するを祈るのみ。

（『奉納書籍聚跋』）

平八郎は学問の発展のために朱子の心を知る者として、自分の生死や栄達を考えることなく人心を救済した一大賢儒朱子の根本精神が、日本の東の方に再び現われて、誤った考えを洗い流すことを祈るのみ、と述べていたように、異学の禁など誤った儒学認識の弊害を憂慮するものであった。

ともかく伊勢神宮への奉納は学問に命を懸けた人物の著書を後世に伝え、公正な学問的検討を願ってのことであった。このことは自著を含めた奉納に対する一つの見識であった。しかし平八郎にはもっと重要な隠された目的があった。それはさきの「朱子文集奉納跋」の続きのなかに述べられていた。

是乃ち唐明《とうみん》の宗《そう》、香を焚《た》き天を祝ひ、以て聖人の出《い》づるを待つて与《とも》にす、事固《もと》より異なる、而《しこう》して情は則ち同じ、嗟乎《ああ》、此の願ひ人の信、不信を問はず、惟《ただ》に是れ神明の鑑ならん、欽《つつしん》で此を巻末に書し、以て赤心《せきしん》を表す者也。

（『奉納書籍聚跋』）

かつて中国の唐や明の時代に、王は香を焚いて聖人の出現を待った故事があった。そこで心血を注いだ著書を燔《や》いたり、また霊峰に納めるのは、その形は異なるが聖人を求める心においては同じである、と断じた。

このように見てくると平八郎が天に一番近い富士山頂に足を運んだり、伊勢朝熊岳での燔書にこだわったのは、天保二年（一八三一）以来の凶作で庶民は疲弊し、ついに同四年には自らの門人までが関係した播州筋の一揆の背景にあった困窮への救済願望が根底にあった。それ故、平八郎の行為は「奇異」なことでも「破天荒《はてんこう》」なことでもなく、まして学者のする「慣例」に倣《なら》った自負心や世俗的なこだわりなどとはまったく無縁なことであった。

『劄記』を天に向かって燔《や》くことは聖人を呼び覚まそうとする行為であった。平八郎にとって聖人の出現は天地神明の教訓であった。もし聖人が現われなかったらどうするのか、その意味でも平八郎にとって天保四年（一八三三）七月十七日は重大な決意の日であった。庶民が困窮すれば最後にそれを救済する聖人が現われなければならない。平八郎の学はその答えを自らに課すことになった。大塩事件はここから時が刻まれた。

この頃、平八郎は聖人を呼ぶ竜などを題材にした聖人願望の詩文を『洗心洞詩文』にいろいろ書き残していた。そのなかの一つに、

稲田千頃《せんけい》シテ水川ノ如シ
聒々《かつかつ》ノ蛙声《あせい》　天ヲ動カサント欲ス
天々縦《てんてんほしいまま》ニ雷鳴響クニ似ル

潭底《たんてい》ノ竜蛇《りゅうだ》　蟄《かく》レテ尚《な》オ眠ラン　（『洗心洞詩文』）

とある。大雨で稲はみな水に没し、水の流れに従って斜めになってしまった。蛙の鳴き声のやかましさはまるで天を動かそうと思っているようだが、それは天がほしいままに空に雷鳴を響かせるのに似ている。それなのに肝心の淵底の竜は隠れてまだ目を覚まさない、と聖人を天から迎える竜の出現を期待したところであった。

この時、足代弘訓《あじろひろのり》に伊勢の両文庫へ『洗心洞劄記』をはじめ儒学史上重要な典籍を奉納した報告と、弘訓の長男が急逝したお悔やみを兼ねて書簡を送っていたなかでも、

太神宮へ奉じ富岳《ふがく》之神へ献じ、没後ニ知己を待而已《まつのみ》ニ御座候、箇《か》駆《く》殻《かく》有レ之已来、人ニ異存候ものニ御座候、所希《ねがうところ》は此度之大変ニて人鬼《じんき》夢覚《さめ》候て、七重の鉄関を撞破《どうは》、天之霊明を御了得《りょうとく》候ハバ真致格物於世間万変、如三浮雲過二太虚一亦何《またなんぞ》難二之有一　（後略）（足代弘訓宛典籍奉納大塩書簡）

と述べているように、奉納することは死んでから知己を待つだけで、生を享けて以来私は世間の人と考えを異にしている。しかし願うところは此の度の飢饉で人も鬼神も迷妄から覚め、為政者の七重の鉄の門の権威を突き破り、公正無私の太虚の心を体得すれば、浮雲が太虚を過るように世間万般の物事を正し、真に至ることはどうして難しいことがあろうかと、農耕神に仕える弘訓に示唆するものであった。(19)

またこの年の暮れ、江州《ごうしゅう》大溝藩の門人あての書簡でも飢饉に苦しむ農民対策として、

明春暖和ニ趣《おもむき》、再び書院へ参《まいり》候ハバ、*右孝之一字を講義仕るべき積、此《この》節畿内侯家《こうか》藩臣重役之内、憤発入門、良知を致す之学ニ志し候向《むき》出来《しゅつらい》、近衛殿領地摂州伊丹豪富之者、並《ならびに》其地一同良知を信奉仕り候様相成《ようあいなり》、弟子共教授ニ遣し御座候に付き、蒼生菜色《そうせいさいしょく》飢餓之時、一方一村成共《ひとかたいっそんなりとも》孝悌之道を心得、躬行《きゅうこう》致させ置き候ハバ、心得違之《こころえちがいの》不法仕り候もの自カラ少く、右ニ而《て》は藤樹翁之宿志、往々行はるべきやと存じ奉り候。

（大溝藩士四名宛大塩書簡）

とあるように、春になれば藤樹書院を再訪して、孝の意義を講義したい。最近、畿内の大名家の主だった武士のなかでも発奮して*洗心洞に入門し、良知の学に志す者が現われるようになった。摂津の伊丹では富豪をはじめ幾人かのものが良知の学を信奉するようになったので、弟子たちに出講させるようにした。

ともかく庶民が飢饉で困っている時だけに、一つの地域一つの村でも為政の掌《しょう》にある者は孝悌の道即ち仁政に心がけて自ら実行に移せば、百姓一揆などの不法を行うものは自然と少なくなるもので、それが中江藤樹翁の念願であり、それ故、常々行われるべきと考える[20]、とあるように、各地域で今こそ聖人の心をうけつぐ仁政により、農民救済の実行が訴えられていたことは注目しなければならない。

平八郎もそのような状況を次のように詩文に詠んでいた。

蘋花《ひんか》ノ蒲剣《ほけん》　風ニ戦《おのの》キ開ク
識《しるべ》可シ依然ト租税《そぜい》ヲ催《うなが》サル

蛩虫《きょうちゅう》 草ニ鳴ク声尤《もっと》モ切《せつ》
訴《うった》ル似《ごと》シ 農人荒耗《のうじんこうもう》ノ哀レヲ

（『洗心洞詩文』）

浮き草になった稲は、がまの穂のように風にむかって花を咲かせているだけである。しかし稲穂が実らなくても年貢が催促されるのを人は知るべきである。こおろぎが草むらで鳴く声は痛切に胸を打つ。すっかり荒れ果てた稲田を前にする農夫の哀れを訴えているようである。

しかし近代の批評家は平八郎の孝思想を凶作に困る農民に世俗的な孝道徳を吹聴することで、一揆や世直し状況に背を向ける地主層の封建的なイデオロギーと誤認した。

中国三代*の治を担った聖人を慕い、人間社会の原点への回帰を求めた平八郎が、それではなぜ事件に突き進んだのであろうか。それはすでに述べたように天に誠を示した富士山頂での儀式に始まったと云えよう。そしてそれを支えたのが平八郎の政治哲学を論じた『古本大学刮目』にあった。

9 幕藩体制批判の政治哲学――『古本大学刮目』

平八郎が『古本大学刮目《こほんだいがくかつもく》』に着手したのは文政六年（一八二三）のことであった。二十代の中頃、文化末年に中国明代の警世家・呂新吾《りょしんご》の『呻吟語』に出会い、陽明学*に開眼するなかで王陽明*の『古本大学』にも目を通し、これに先儒の所説と平八郎の按語《あんご》を添えて註釈を行ったものが『古本大学刮《こほんだいがくかつ》目《もく》』であった。

『古本大学』はもともと『礼記』のなかにあったが、朱子の改本により『礼記』から『大学』*が削除された。わずかに十三経《じゅうさんけい》（宋《そう》代に決定された、儒家の十三種の基本的な書物）のなかで鄭《てい》註本にだけ残され、王陽明はそこから『大学』を取り出したので『古本大学』と称されるようになった。このように『大学』には朱子が手を加えた『改本大学』と陽明による孔子伝来の『古本大学』の対立があった。当然、平八郎は孔子伝来の『古本大学』を支持して註釈を加えた。

この『古本大学』の註釈が一応形を整えたのが天保三年（一八三二）であった。着手以来、実に十年の歳月を見た。この時、門人宇津木靖・松浦誠之・湯川幹らが校訂に携わるなかで『刮目』の出版を平八郎に勧めたが、平八郎は次のように述べて聞き入れなかった。

明鑑博雅《めいかんはくが》の君子に非ざれば、則《すなわ》ち必ず遺漏贅疣《いろうぜいゆう》の誤り有らん。故《ゆえ》に釈《しゃく》せずして可なるもの、而《しか》も猶《な》ほ之を釈し、釈せざるべからざるもの、而《しか》も反《かえ》つて之を釈せず。（中略）故に若《も》し此《これ》を以て世に伝へば、則ち百毀《き》千謗《ぼう》、蜂《はち》のごとく起り矢のごとく集まらんこと、豈《あ》に免《まぬが》るるを得んや。

（『洗心洞劄記』自述）

私自身がすぐれた見識と広い知識を具えた君子でないので、必ず註釈のとりこぼしや、無駄な註釈、不統一な註釈などの誤まりを侵しているかも知れない。従ってこのまま世に出せば、必ず非難・中傷にさらされると、経典の註釈には慎重のうえにも慎重を期さねばならないとして、先に述べたように

『洗心洞箚記』の出版に応じた。しかし註釈上の慎重もさることながら平八郎が許可しなかった理由は、『古本大学刮目』がなにを云おう幕藩体制への政治批判を暗喩するものとして書き上げられていたからである。

まさしく『刮目』は平八郎の政治哲学の書であった。平八郎が為政の掌《しょう》にあるものに、云わんとしたことがすべて述べられた危険な書であった。だからこそ事件を直前にした天保七年（一八三六）五月になって版行にかけるよう指示したのである。そして事件とともに『刮目』は発禁処分となり、ついに世上に出まわることはなかった。本書の復元は事件後、五十四年目の明治二十四年になって田結《たゆいの》荘千里《しょうせんり》（湯川幹）らの努力で再刊された(21)。

それでは『刮目』はいかなる著作であったのだろうか。形式から云えば『刮目』の構成は「自序」「凡例」「綱領」「引用姓氏」「大学古本旁註」から成り立っていた。まず「自序」では王陽明の『古本大学』成立に至る朱子改本の誤りを指摘し、

四子五経ヲ読ミ万物之理ヲ窮《きわ》ムト雖《いえど》モ、而《しこう》シテ*誠意正心*修身ノ実ヲ無ニスレバ、則《すなわ》チ豈《あ》ニ人ニ益センヤ。

と*朱子学的究理にたいして陽明学的心学の意義を述べ、なおかつ、

心理不二知行合一、真に是れ洙泗《しゅし》（洙水と泗水）伊洛《いらく》（伊水と洛水）の学の要、初め朱子の本旨も亦《また》同じ所なり。（『古本大学刮目』）

と、心即理と知と行為の統一は孔子の教えであり、二程子《にていし》に発する朱子学の根本で、朱子のめざすところも同じであったとした。さらに平八郎は王陽明に至るまでの薛敬軒《せっけいけん》、胡敬斎《こけいさい》、許魯斎《きょろさい》などの朱子学徒は心理不二を理解していたが、陽明に遅れた朱子末学の陸清献《りくせいけん》、李文貞《りぶんてい》、呂晩村《りょばんそん》は心理不二を知らず、勝心を募らせて陽明を仇敵《きゅうてき》のように批判したと、儒教思想からの逸脱を問うものであった。

次の「凡例」においては朱子改本の独断にたいして『礼記』のなかに取り込まれていた『大学』を、鄭《てい》註本から取り出し原型に復したものが陽明の『古本大学』であることを明らかにした。にもかかわらず呂晩村は豊坊の作成した『古文石経』を偽文とすることで、『古本大学』も同類として非難中傷したので、『古本大学』こそが孔子の遺書であるとした。

云うまでもなく『大学』の核心は誠意にあり、*親民は親しむ、*良知は霊明、良知は致す、格物の物は心のなかのこと、そして*知行合一の意義について陽明学的認識が朱子学的解釈と基本的に相違することが示されていた。

なお『刮目』の全体は便宜上、十三経礼記の『大学』節次により三十七節に分け、各項目を全体の主旨・大意・名義の講析、経義の通解、存疑《ぞんぎ》、余論の順で先儒の註釈を掲げ、そのあとに平八郎自身の按語《あんご》を添えるという整然とした形式が採られていた。

「綱領」では「凡例」のなかで述べられていた朱子『大学章句』及び呂晩村の『古本大学』批判に対して、『大学』並びに陽明の『古本大学』成立に関する先儒の大学論を対置して詳論され、『大学』

の要は誠意で貫かれていることを明らかにしていた。そこから良知や知行合一などの陽明学的重要概念についての知見が述べられていた。

最後の「引用姓氏」では本書の成立にかかわる学者二百三十一（実数二百三十五）人の名が掲げられていた。その内訳は王門親炙私淑学者七十三（同七十一）人を筆頭に、漢～唐代学者五名、宋～元代学者四十五（同四十四）人、明～清代学者百八（同百十二）人であった。[22] また漢・唐から陽明に至るまでの引用は、平八郎のめざす陽明学的認識が時代を越えて聖学に内在することを明らかにした学者達で、それに対して明末から清代になると、朱子末流として陽明学を批判する呂晩村や陸隴其《りくろうき》などのグループと陽明学的認識を受容する朱竹垞《しゅちくだ》などの朱子学派の言説が取り上げられ、我が国近世末の偏狭な朱子学一尊主義の蒙を開かんとするものであった。

それ故『剳目』には我が国近世の儒学者はだれ一人取り上げておらず、総ては『大学』または陽明学に通ずる歴代中国の言説で埋められていた。それにしても何故このような重厚な著作を完成させたのであろうか。

『劄記』のなかで中江藤樹《とうじゅ》の良知についての言説が取り上げられた以外は、平八郎の著作は殆ど孔*孟思想を軸とした中国儒教史の言説で埋められていた。それは自らのめざす陽明学的認識の正当性を儒教本国の認識に求めるものであった。平八郎にとっての我が国近世儒学は儒教本国の枝葉末節を追う取るに足りない言説でしかなかったのである。だからこそ『剳目』においても徹底して孔孟的な儒教本来の言説により論議を展開した。

『大学』そのものが為政者論(23)であるように、熊沢蕃山《ばんざん》『大学或問《わくもん》』においても君主のとるべき政策論として展開されていた。

打ち続く飢饉のなかで、大坂に天下る官僚層と豪商との腐敗構造を目の当たりにしてきた平八郎にとって、為政者の在り方が厳しく問われていた。この時、先に出された『劄記』が平八郎にとっての陽明学的認識論の構築とするならば、為政者の学としての『大学』の註釈は、まさに現状打開への方法論であった。それは当然、幕藩体制批判に通底するものであった。だからこそ事件直前に発刊を決意し、乱とともに発禁の運命をたどることが予知されていたのである。

それでは『刮目』とはどのような言説を軸に展開されていたのかを見ると、漢の戴聖《たいせい》が選んだ『古本大学』に王陽明が旁註を加えた本文を前におき、それを受けて『大学』冒頭で大学の意味を問い、続いて、

大学の道は明徳を明らかにするに在り、民に親しむに在り、至善に止まるに在り、

（『古本大学刮目』）

の三綱領を掲げ、この三綱領全体についての陽明の註釈をおき、次に朱子の註をおき、続いて大程子、周子、毛西河、黄石斎、清正祖の順で加註され、最後に平八郎の按語がおかれた。そして明々徳、*親民、*至善など個々の重要概念については、さらに先学の言説及び平八郎の按語が加えられて一節の註

釈論議とした。

「旁註」から見た特徴として、平八郎の陽明学は基軸概念については王陽明の学統を受け継ぐも、中国における明清代の程朱・陸王の論争も*同党異伐とし、これらを儒教史の一環として見る公正な学問観を堅持していた。このことは『洗心洞読書書目』や伊勢神宮『奉納書籍聚跋』からも窺えるところであった。

このように学派を争うのではなく、儒教史の流れのなかで聖学と一致するか否かを問う姿勢は、思想として仁政を核とする儒教の原点に回帰をめざすものであった。それ故、陽明学的認識から逸脱するものに対しては、たとえ同門であっても王心斎*の格物致知を軽視する態度を批判したように、朱子学に対しても是々非々の立場を取った。例えば『大学』冒頭の「大学ノ道ハ……」についての平八郎の按語を見ると、

陽明王子の言、明徳の大は心の外ならざるを説く、而《しこう》して一篇の義は此《ここ》に尽くさん、且つ其の本は固《もと》より朱子の説より来たる、而して朱註は則《すなわ》ち「虚霊不《きょれいふ》昧《まい》、衆理具はりて万事に応ず」と云ふ、未《いま》だ後世、理は事と岐《わか》れて二と為すの弊を開くを免かれざる也、王子の説と合せざるが似《ごと》し、

（『古本大学刮目』）


とあるように、陽明は朱子の『大学章句』にある「虚霊不味、衆理具ハリテ万事ニ応ズ」を「明徳ヲ明ラカニスル」の解として踏襲したが、さらに「心外ニ理無ク、心外ニ事無シ」と補足することで心

即理の立場を明確にした。しかし朱子には心即理の認識が曖昧《あいまい》であったので事理の分裂をもたらしたと朱註の不十分さを平八郎は指摘した。

云うまでもなく『刮目』は朱子の『大学章句』を意識して構想された著作でもあった。それは「凡例」や「綱領」に示されていたように『大学』を孔子の書として、闕伝《けつでん》も錯簡《さっかん》もない一篇の書としての成立を認め、それに対して朱子の改作を非とする立場をとった。そこから陽明の節次を分けない『大学古本旁註』を本文註釈の前に置いて『大学』の全体像を示した。また「凡例」において『大学』冒頭の三綱領に関わる基軸概念についての陽明学的定義を与えた。即ち、

誠意は全経を貫くの義、親民の親は、新に作るを容《い》れず、致知の知は良知にして其の知を致すなり、広く知識を推《すす》めるの謂《いい》に非ず、格物の物は、外物に非ずして其の事を正すなり、至《いたる》は物の理を窮《きわ》めるの謂《いい》に非ず、及《とも》に知行合一の諸論を挙げ、各《おのおの》の先後を区別して畢《おわ》らん、

（『古本大学刮目』）

と、朱子学的解釈をことごとく退けた。

ところで平八郎の陽明学的言説が乱を起こす起爆剤になったのかと云えば、それは平八郎のおかれた近世末社会の状況が生み出したもので、その際、言説は人の心に生き方を問うものであったことは確かである。

平八郎が『古本大学』で刮目されたのは、これまで為政者の学であった儒教が庶民にも開かれた学*

問であることの発見にあった。志をもって学をめざす者は徹底して俗情を断ち切って良知を見い出した時、公正な判断のできる君子としての心情が共有できるという確信であった。そしてこの『刮目』を平八郎は二つの視点から読み解いた。

一つは『大学』冒頭の「明明徳」にかかわる朱子の『大学章句』に陽明学的認識論を対置することで、陽明学的諸概念の構築、整序であり、それに向かう心法であった。いま一つは『大学』の解釈を通して、その理念から見た政治社会の逸脱を批判することであった。

まず心法について、次のように述べている。

> 学問は、徒《いたづら》に訓詁誦読文章詩賦《しふ》の謂《いい》に非ず、而《しこう》して喜怒哀楽未《いま》だ発せざる已前《いぜん》、独り慎み、以て意を誠にす、即ち是れ学問なり、愚謂《ぐい》ふ、此の法を以て*史伝を読まば、則ち史伝皆《み》な大学中に在り、且つ愚、之に向ふ初見の人に、始めて大学を講ずるに、乃《すなわ》ち世儒《せいじゅ》と大いに異ならん、先づ明徳・親民・止至善を解かず、而《しこう》して先づ身に忿懥《ふんち》恐懼《きょうく》好楽憂患する所あるの私意深く、心之を正で蔽《おお》ひ、而して発すれば則《すなわ》ち必ず其の親愛賤悪《せんあく》畏敬《いけい》哀矜《あいきょう》敖惰《ごうだ》する所に之《いた》り、而して辟《へき》の害を解くなり、
> （『古本大学刮目』）

学問するということは訓詁や文章を誦読することではなく、知情意の動く前に*慎独に努め、意を誠にする心法を身に着けることにあるとした。従って世間の儒者と違って「明徳親民止至善」を説くのではなく、私意私欲に覆われた辟《へき》の害から心の正を取り戻す工夫から学問が始まるとした。

ところが世間では明徳親民止至善の義理を講じているだけで、これでは頭の飾りであり書物の上のことにしか過ぎない。平八郎は人間にとって有益な学問とは何かを『古本大学』で目を開かれたと云っていた。そして吐き出すように「文字訓詁ノ人トハ共ニ語リ難シ」と、教養化した朱子学など訓詁註釈の学を批判した。

　当然、『大学』の理念から見た平八郎の現状認識が問われなければならなかった。そこで「詩ニ云フ、アア前王ヲ忘レズ、君子其ノ賢ヲ賢トシ、而シテ《しこう》其ノ親ヲ親トス、（後略）」（9節）について平八郎は『刮目』中で最長の按語を添えていた。

　嘗《かつ》て云ふ有り、唐虞《とうぐ》以上の治、後世復す可《べ》からざる也、之を略す可し、三代以下の治、後世法《のっと》る可からざる也、之を削る可き也、惟《た》だ三代*の治は行ふ可し、然《しか》り而《しこう》して世の三代を論ずる者、其の本を明らかにせず、而して徒《いたずら》に其の末に事《したが》ふ、（中略）其れ三代の治を行なふ可しと曰ふは、則《すなわ》ち王子の志にして、周官在るを、断じて識《し》る可し、周公三王を兼て思ひ、（中略）則ち三代之礼楽刑政《れいがくけいせい》、統括して皆《み》な周官に在り、故に其れを三代之治と曰ふ、

（『古本大学刮目』）

周公が夏《か》の禹王《うおう》など三王の事績を調べ、周官の制度を実施した三代の治を、平八郎は王陽明とともに理想の政治とした。周官つまり周の政治は、明徳を明らかにするために誠意と慎独をもって行われた。にもかかわらずその本を見失い、法制という外形だけを整えても三代の治にはならない。

　明徳を明らかにするは、則ち親賢楽利ならざる莫《な》し、親賢楽利は、便《すなわ》ち是れ親民の事実にして仁

也、周官の総要は亦《また》此に在るのみ、　（『古本大学剳目』）

明徳を明らかにするとは為政者が賢才を用い、民の利を楽しむことである。それが民に親しむということであり、言葉をかえれば仁*である。周の政治はすべてここに尽きると平八郎は註した。

平八郎が『大学』から学ぼうとしたことは、三代の治をいかにして回復するかであった。それをもたらすのが聖人*の学を体得した、例えば隋代の文中子《ぶんちゅうし》（王通）のような為政者の実現であり、そのように人びとからあがめられる人物、即ち聖人の再来であった。

平八郎の按語も厳しさを増していった。「財ヲ生ズルニ大道有リ」（33節）において

蘇氏云ふ所の「民間の財生ずるは、夫《そ》れ民間に財生じ、則《すなわ》ち*国家の財生ず」国其の中に在り、故に有子曰く「百姓足る、君孰《いず》れと与《とも》に足らざるや」と此れ之を謂《い》ふ也、而《しこう》して後世只《た》だ国家の財の富むを以て事と為す、故に先儒曰く、「後世財を聚《あつ》むるに、両件を過《あやま》たず、一は則ち横征暴《おうせいぼう》斂《かん》し、以て斯民《しみん》の命を剝ぐ、一は則ち巧取陰奪《こうしゅいんだつ》し、以て天地の和を傷つけん、此れ皆《み》な謂ふ所の私智小術なり、之れ均《み》な大道に非ず」と、愚《ぐ》豈《あ》に此《ここ》に之れ均な大道に非ずと云はん哉、直《ただち》に之れ暴と謂ふ、　（『古本大学剳目』）

かつては民の財がそのまま国家の財であったが、それが後世では国家の財のために民の財が侵された。それ故、先儒も指摘していたように、有無も言わせず民から財を集めて民を苦しめるか、または巧みに法を定めて民から財を集めるかの違いで、いずれも民から不信を招くやり方であった。これらはい

ずれも為政者の浅知恵で、いくら官民の収入を平均しても財の生じる大道にはならない。それはどちらにしても民に親しみを欠いた暴政でしかないのだ、と平八郎は指摘した。為政者自体の天下の大道に背くあり方が質《ただ》されていた。

平八郎の告発は続いた。「仁者ハ財ヲ以テ身ヲ発《あら》ハス、不仁者ハ身ヲ以テ財ヲ発ハス」（34節）では、竊《ひそか》に謂ふ、人君《じんくん》に人有り土有り財有り用有り、而して誠意の学なし、而《しこう》して則《すなわ》ち必ず驕泰《きょうたい》に流れん、而して聚斂《しゅうれん》に堕《だ》す、故《ゆえ》に誠意を以て用財の道を講ぜざる可からざる也、漢の武帝、唐の玄宗・徳宗、各《おのおの》の衆を出づるの才有りと雖《いえど》も、而して誠意は則ち闕如《けつじょ》す、故《もと》武帝百家を罷黜《はいちゅつ》し、六経を表章するは、美事と雖も、然《しか》り用財の道を知らず、故に算を舟車に及ぼし、権は塩鉄に及び、以て淫侈《いんし》の費《ついえ》に資する、玄宗内難を平定し、賢相に委任し、雄略と雖も、然り用財の道を知らず、（後略）

（『古本大学刮目』）

と述べている。為政者たる人君には政治上のすべての条件が揃っている。にも拘らず誠意の学に欠如すると驕《おご》りに陥り租税で民を苦しめることになる、と漢の武帝や唐の玄宗・徳宗などの例を挙げて、用財の道のあり方を平八郎は告発した。

ところで平八郎はなぜここで「竊ニ謂フ」と声を落とす必要があったのだろうか。歴史上の中国の出来事であればそれほど遠慮する必要はないはずである。にも拘らずここで竊に云わねばならなかったのは、漢の武帝や唐の玄宗・徳宗の背後に幕藩体制の頂点にある徳川家斉《いえなり》の姿があったからであろう。

*頼山陽は『日本外史』において家斉を武門の頂点を極めた将軍とした。しかしそれに相応《ふさわ》しい事績はなにも述べず、儀礼的言辞で締めくくっていた。それもそのはず家斉の私生活は決して武門の鑑《かがみ》になるものではなかった。

柳亭《りゅうてい》種彦が描いた『偐紫《にせむらさき》 田舎《いなか》源氏』の世界は、家斉を中心とした江戸幕府の大奥であったと噂されたように、大奥に仕える女中八百八拾余人、側室四十人、そのうち子供をもうけた部屋住みは十六人と女色に耽る家斉像は隠れもない事実であった(24)。それ故、『偐紫田舎源氏』は天保の改革において筆禍事件となり、種彦は罪を背負うことになった。

しかも家斉の大奥は漢の武帝や唐の玄宗どころの比ではなかった。平八郎はこのような大奥のことに「檄文《げきぶん》」でも触れているようにその退廃ぶりを十分承知していた。そこでこれら中国の皇帝にことよせて家斉を暗喩していたのである。だから声を潜める必要があったと云えよう(25)。

中尾捨吉が編集した『洗心洞詩文』の最後に掲げられた詩文が、

一身ノ温飽《おんぽう》　天ニ愧《は》ズ
*隠者《いんじゃ》寧《なん》ゾ無《む》心《しん》ニ救イヲ全《まっと》ウセン
在郷《ざいごう》ノ隣生《りんせい》　飜然《ほんぜん》ト笑ウモ
黙シテ聴クハ大学卒章《そっしょう》ノ篇

（『洗心洞詩文』）

である。自分だけが温かな食事をとっていることは天に対して恥ずかしいことだ。俗世間を捨てた自由人なればこそ、雑念なく人を救うことができるはずである。同じ大坂の儒者連は手のひらを返すように私の言動を笑っているが、わたしが『大学』最終章を講じて「国家に長として財用を務むる者は、必ず小人《しょうじん》に自《よ》らん、彼之を善くせんと、小人之を国家の為に使はば、災害並び至り」、たとえ為政者に「善きもの有ると雖《いえど》も、亦《また》之れ如何《いかん》ともするなし。これ国は利を以て利たらず、義を以て利たるを謂《い》ふなり」と、淳々と説くのを門人たちは静かにそれに耳をかたむけてくれている。

大塩の乱に備えた決意のほどが読みとれる詩文ではなかろうか。

10 小人に国家を治めしめば災害並び至る

平八郎は乱に先立って村々に配布した『檄文』*冒頭において、

四海困窮いたし候《そうら》はば天禄ながくたたん、小人《しょうじん》に国家をおさめしめば災害並至《ならびいたる》と、昔の聖人*深く天下後世の人の君人の臣たる者を御誡《おんいまし》め置かれ候《そうろう》ゆへ、（『檄文』）

と述べたように、災害などが頻発する危機の時代に小人に政治をゆだねることの誤りを指摘するものであった。云うまでもなくその出典は王陽明*の『大学古本旁註』にあった。

わが国でも安永末年から文化・文政・天保期にかけて地球規模での小氷河期に入り、摂河泉（摂津・河内・和泉）を中心にこれまで行われてきた綿作などが気候変動のために大きな影響を受けるようになった。(26)とうぜん稲作にも及んだところから年貢負担に耐えかねて全国的に農民の騒擾《そうじょう》事件が頻発した。

しかも特産物を持たない米穀依存の諸藩を筆頭に、幕藩財政も逼迫《ひっぱく》するなかで大坂における豪商への依存度を高めざるを得なかった。また豪商も特権的な株仲間で価格の維持をはかるために、政界とのつながりを無視しえなかった。ここに幕閣官僚層と大坂豪商の癒着《ゆちゃく》構造が成立した。その現われが不正無尽《むじん》であった。それは幕閣閣僚層への体《てい》のよい政治献金であった。平八郎はそれを見逃さなかった。

大坂では近世以来、庶民のなかで相互扶助的な頼母子講《たのもしこう》が行われてきた。これは正路《せいろ》の庶民金融として認められてきた。しかし初会に講に参加し、掛銀主《かけぎんぬし》により調達された講銀をもらい受けると掛銀を止めて退く手法の「取退」は、富くじ同様の射幸心の強い違法無尽《むじん》とされていた。このような違法無尽については八代将軍吉宗のときにたびたび禁令が出されたが、それでも後を絶つことがなかったと云われている。(27)

平八郎は江戸から天下る官僚層の動向を把握するために、不正無尽の記録を入手していた。それが事件に際して江戸に送られた『大塩平八郎建議書』のなかに具体的な仕法とともに示されていた。また文政十年（一八二七）から十二年までの間に無尽講を開催した武家（六十二家）・宮方（十五方）・寺社（六十二寺社）の名簿が添えられていた。平八郎はこのような官僚層の動向についての感想を詩文のなかにも残していた。

重九《ちょうきゅう》　即事二首

公卿《こうけい》ヲ洗ワント欲スレド世ハ泥淤《でいお》

風流ヲ愛《めで》ズ簿書《ぼしょ》ヲ愛ス

今日　竜山《りゅうざん》ニ自《みずか》ラ会ス無ク

孟嘉《もうか》ヲ悁《うれえ》テ全《まった》シ閑居《かんきょ》ヲ得ン

（『洗心洞詩文』）

大坂に天下ってきた幕閣官僚たちの不正を調べてみたが、世の中の仕組みは不透明で泥沼である。そんな中で自分は風流にうつつを抜かすことなく仕事に精励してきた。しかし今日からもう竜山公（平八郎を信任した元東町奉行高井山城守のこと）に自分からお会いしに行くことはない。ただ役人の世界で孟嘉のように天下り官僚にこびへつらうような人間のはびこることが心配だ。私は官を去ってまったく自由な身になったが、しかしこの先はどのようになるのだろうか心が重い、と詠んだように天下り官僚こそが平八郎に言わせれば小人の典型であった。

天下り官僚は江戸に帰れば幕閣中央の官職が待っていた。それを手にするためには大坂で何がしかの資金を調達しておく必要があった。大坂はなんといっても天下の金融の台所であった。そんなところで手をこまぬいていれば江戸に帰れば評価を下げるだけであった。しかしこのような官財の癒着が諸物価の上昇をもたらす一因となり、幕末の経済危機を生み出したことは確かである。

平八郎は『古本大学』と徹底的に向き合ってその奥義を究めんとした。

仁者は財を以て身を発《あらわ》し、不仁者は身を以て財を発す
（『古本大学』、『古本大学刮目』所収）

徳のある為政者は国家財政を国土の安定のために有効に使って民の信頼をうるが、徳のない為政者は自分のためにだけ富を消費するので民の信頼を失う、という意味であろう。

平八郎は『刮目』において、次のように述べている。

饒双峯《じょうそうほう》曰く、財を散ずれば民聚《あつま》る、此れ財を以て身を発《あらわ》す。財を聚《あつ》むれば民散《さん》ずる、此れ身を以て財を発す。
陳新安曰く、紂《ちゅう》は鹿台《ろくだい》〔筆者註、殷《いん》の紂王が財を集めた倉庫〕の財を聚《あつめ》て以て亡び、武《ぶ》之を散じ以て興《おこ》る、即ち其証なり。
（『古本大学刮目』）

平八郎は「右二説は、此の一節の大意を解くなり」と注した。そして最後に、

是れ皆《み》な大学*の誠意用財の道を知らざるを以てなり、乃《すなわ》ち是れ極みに至るなり、而《しこう》して民の怨み下に起り、而して国危ふし、是《こ》の故《ゆえ》に、仁者の財を以て身を発《あらわ》すの見、英武の人の能《よ》く及ぶ所に非ざる也、故に王子*曰く「能く徳を明《あきら》かにするは、則ち能く民に親しみ、民に親しむの工夫は、誠意に非ざるべからず。
（『古本大学刮目』）

と、按語《あんご》を結んでいた。このように『大学』が指し示す三綱領八項目の意義を無視する、凡庸な小人《しょうじん》による政治の在り方を根底から改める必要を、平八郎は時の幕藩体制に求めるものであった。

平八郎は幕藩体制下の官僚層も押しなべて不仁者の集まりとみていたのであろう。そして、

国家に長として財用を務むる者は、必ず小人に自《よ》らん。（『古本大学刮目』）

という『大学』本文によれば、国家の長として国家財政に当たる者も、必ず自らが小人化してしまうものである。

彼之を善くせんと、小人之を国家の為に使はば、災害並び至り、善きもの有ると雖《いえど》も、亦《また》之れ如何《いかん》ともするなし。これ国は利を以て利たらず、義を以て利たるをと謂《い》ふなり。

（『古本大学刮目』）

君主が政治を良くしようとしても、小人に政治をなさしめては災害は必ずやって来るもので、善政への気持ちがあってもすでに官僚的政治機構では最早どうすることもできない。それ故、国の政治は利財をはかるだけでは豊かにならず、道理を明らかにすることが民への利につながると云われてきた。にもかかわらず将軍家の方ばかり向いた小人の政治の在り方は、災害が起これば必ず破たんすると平八郎は確信した。

11 聖人待望

天保元年（一八三〇）十月、平八郎の最も信頼していた大坂東町奉行高井山城守が療養を理由に辞

任したので、その公正な人柄を惜しんで平八郎も致仕を心に決めた。しかしそのあとに大坂町奉行として着任したのは新見正路（西）、曽根次孝（東）、久世広正（西）、戸塚忠栄（東）、矢部定謙（西）、大久保忠実（東）、跡部良弼（東）らであったが、もはや改革を期待しうる人材はそこには存在しなかった。それどころか跡部良弼に至っては天保七年（一八三六）の飢饉に際しての平八郎の献策をことごとく拒否し、そのうえ幕命による江戸への回米に奔走して自らの足元にある貧民救済に心を向けることがなかった。ここから跡部との対立が決定的となって事件がひき起こされた。

翻って平八郎には聖人願望*が大きくその心を占めるようになっていった。ちなみに中尾捨吉編集の『洗心洞詩文』百四十五首のなかで、聖人待望に関する詩文が実に二十首も詠まれていた[28]。平八郎が聖人を待ち望んでいたことは、これまで殆ど言及されたことがなかったが、大塩事件の解明にとって極めて重要な思想概念であった。

閑ヲ偸《ぬす》ミ友人ノ郊居《こうきょ》ニ講学ス、途中梧桐道傍《ごどうみちばた》ニ生ジ大実ヲ結ビ
流眄《りゅうけい》スルニ感ナカラズ、終《つい》ニ之ヲ賦《ふ》ス
暗生《あんしょう》ズレバ明清《めいせい》ノ道開カズ
久シク墳典《ふんてん》ニ将《したが》イ塵灰《じんかい》ニ委《ゆだ》ネン
梧桐《ごどう》空ニ結ンデ鈴実《れいじつ》ノ如シ
鳳凰《ほうおう》来ラズシテ誰《たれ》カ食セン哉《や》

（『洗心洞詩文』）

世の中に愚かさが幅を利かすと、聡明と清廉の道徳が失われる、私は久しく古典を学びその他の枝葉は人に任せてきた、道を歩いてふと見上げると、青桐に実が鈴なりになっていた、聖人が現われるときに来る鳳凰が来なかったら誰がこの実を食べるのであろうか。

平八郎の聖人待望は天保四年、『洗心洞劄記』を富士山頂の石室に納め、伊勢朝熊《あさま》ヶ岳で焚書《ふんしょ》しようとした時から平八郎の心に大きくのしかかってきた。幕閣官僚層にそれに相応しい人物がないと見たとき、その期待は京都の天皇に向けられていた。

臘月《ろうげつ》野外ニ口号ス、愛宕《あたご》鞍馬ノ諸嶺ハ、雪中ニ埋《うも》ル、故《ゆえ》ニ句中之ニ及バン

橋柳《きょうりゅう》　糸ヲ生ミ岸梅蕾《がんばいつぼ》ムモ

回陽未《かいよういま》ダ解ケズ我ガ心憂《う》シ

帝城《ていじょう》　遥カ雪山ノ下ニ在リ

貧窶《ひんろう》ニ貴富ノ裘衣《きゅうい》ナカラン

（『洗心洞詩文』）

橋のそばの柳は糸のように細い枝をたれ、岸辺の梅もつぼみをつけ始めた。それでも春の兆しはまだ固く閉ざされているように、聖人が現われて欲しいという私の期待もまだ憂慮するばかりだ。それにしても天皇のおられる都はここから遠く隔たった雪山の下の方にある。私がそこに出かけたくても富貴の人のように皮衣《かわごろも》がないので体面が保てない。それでも私は聖天子に我が心を伝えるために都を望めるここにやって来たのだ。どうか天子も聖人の出現に力を貸してほしいものだ、と平八郎は心の中

で叫んでいた。

　このような聖人願望は『大学*』そのものの精神であった。平八郎も『古本大学刮目』の註釈において、

　後素按《あん》ずるに、天下を以て一人と為し、天地*万物を一体と為すに至る。則《すなわ》ち聖賢帝王皆其の中に在り、而《しこう》して人の能事《のうじ》畢《おわ》れり。

（『古本大学刮目』）

とその意義を明らかにしていた。しかし我が国の近世社会にはそのような人物を生み出す思想的基盤は、平八郎の著書『古本大学刮目』をのぞいてはどこにもなかった。そして日本社会そのものが『偐《にせ》紫《むらさき》田舎源氏』の世界にまどろんでいた。危機は刻々と外からも内からも、近世幕藩体制の足下に忍び込んでいた。事件に際して門人によって播《ま》かれたさきの『檄文』冒頭に続いて、

（前略）然るに茲《ここ》二百四五十年、太平の間に追々《おいおい》上たる人驕奢《きょうしゃ》とておごりを極め、大切の政事に携《たずさわり》候諸役人ども、賄賂《わいろ》を公に授受とて贈貰《おくりもらい》いたし、奥向女中の因縁を以て、道徳仁義をもなき拙《つたな》き身分にて、立身重き役に経上《へあが》り、一人一家を肥《こや》し候工夫而已《のみ》に智術を運《めぐら》し、其領分知行所の民《たみ》百姓共へ過分の用金申付《つけ》、是迄年貢諸役の甚しき苦む上へ、右之《みぎの》通《とおり》無躰《むたい》の儀を申渡、追々入用かさみ候ゆへ四海の困窮と相成《あいなり》候に付《つき》、人々上を怨《うらま》ざるものなき様に成行候《なりゆきそうらえ》得共、（後略）

（『檄文』）

と、事件の起こされた社会的背景が明確に指摘されていた。要は日本全土の民百姓が困窮すると幕藩

体制も終わりを告げると平八郎は述べていた。それは為政者の方に顔を向けて政治をとる小人に国家の運営を任すと、必ず災害と同じような弊害に至りつくので、聖人は後世の君主や政治の掌《しょう》に当たるものを戒められた。しかし幕藩体制も二百四五十年たつなかで将軍はじめ上に立つものが驕りを極め、為政の掌にある役人が公然と賄賂の授受を行い、将軍に仕える大奥の女中と絡んで立身出世をはかり、その結果は一人一家の安泰だけに腐心する官僚層の腐敗を招いたことを指摘した。そこから領民の上に年貢以外に御用金と称して過分な収奪を行っているのが四海困窮の原因であるとした。平八郎の良知はこのような政治体質をもはや許すわけにはいかなかった。

事件に先立って平八郎は自らの蔵書を大坂の書肆《しょし》河内屋喜兵衛一統に買い取らせ、二月上旬に施行《せぎょう》*札一万枚を配って門人のいる三十数ヶ村の貧農たちに金一朱と交換させた。その際、彼らは配布した門人から天満に火事があれば必ず大塩先生のもとに駆け付けるようにと申し渡されていた。事件はすでに始動していた。

ところで天保七年（一八三六）冬、かねてから火急の際に活躍してくれる渡辺村の小頭《こがしら》を呼び金五十両を与えて、米価高騰にともなう村内難渋者に対して分配するようにさせ、小頭にも長脇差が与えられた。小頭は感じ入って何を以て答うべきかと尋ねたところ、平八郎はこの辺りに火災起りしと聞かば、配下を引き連れ役所にはゆかず直接当方に来るようにと指示した。

ところが翌天保八年の事件の前日二月十八日に村内で葬儀があり、小頭は振る舞い酒に酔いつぶれて天満の火災に間に合わず、平八郎らが難波橋を渡るときに追いついたが、そこで平八郎から恩知らずと大喝されたので小頭はやむなく役所に駆け込んだ。

この一件について平八郎のとった行為が、被差別部落民の解放意欲を利用した狡猾《こうかつ》な封建的術策として非難する向きがあったが（前出注（15）参照）、すでにこの頃、渡辺村の知識層の間では司馬遷の『史記』にある樊噲《はんかい》伝が承知されており、被差別部落民にとっては社会的貢献を通して身分解放されるであろうことへの願望は、村内の共通認識であった。平八郎もまたそれを確信していた。

しかしその前に、幕末といえども被差別部落民との関係を結ぶことは、武士としてもっとも卑しい行為とされていた時代であった。しかるに、平八郎が日常的に積極的な関係を結んでいたことに注目したとき、事件に被差別部落民を動員する発想は封建的術策などではなく、相互が了解しあうきわめて全《まっと》うな考え方であったというべきである。

12　捨て石——死生を一にす

＊

聖人は遂に現われなかった。平八郎の投げかけた大塩事件はまさに聖人の改革を呼ぶ誘い水であった。大塩事件を機に疲弊した諸藩の上に立つ幕藩体制は創業の精神に立ち戻るための改革に着手した。しかしその改革は民生の安定よりも幕藩体制擁護の施策としてなされたためにことごとく挫折した。

そこで幕政改革の失敗を見た西南雄藩をはじめ、諸藩でも藩政の改革に乗り出した。この時、各藩において門閥を打破し能力ある人材により改革が進められた地域から、明治維新につらなる新しい勢力が形成された。このように見てくると大塩事件の投げかけた政治改革の機運こそが、明治維新の原動力となったことはもはや明白である。

かくして藩政改革に成功した諸藩から天下の天下をめざす有能な改革者を輩出した。彼らは平八郎によって目覚めさせられた*陽明学的な心情、*公正無私の誠意を受容することで、幕藩体制の打倒に立ち上がった。そしてその改革者像として尊王と云う聖人像を掲げた。このように平八郎の聖人待望なくして明治維新はなかったのである。そして平八郎によって期待された身分解放も明治維新後に新政府から布告されたのである。

天保八年（一八三七）二月十九日に起こされた大塩事件は、再び帰ることのない自邸・*洗心洞に火をかけることで始まった。平八郎はここで大坂の治安をあずかる与力・同心の家々を焼き、続いて船場《せんば》・本町《ほんまち》に居を構えた住友をはじめとする豪商の家々に火をかけた。冬空のなかでの火災はたちまち大坂三郷《さんごう》にひろがり都市を壊滅させた。火の手は川崎東照宮をも襲ったが、大坂城代はじめ東西町奉行はそれをくい止める余裕を失っていた。平八郎も家康の仁政を評価しながらも漢の武帝、唐の玄宗らの失政と肩を並べる将軍家の頽廃に見切りをつけたのである。地域における幕藩体制を象徴する精神的支柱はここに尽きようとしていた。

大塩事件は直接的には大坂の都市機能を麻痺させることで幕藩体制に政治の在り方を根底から反省させ、併せてそれに追随して地域住民の救済を怠った豪商連に対する懲罰となった。もとより事を構えた理由は、

　我等一同心中に天下国家を簒盗《さんとう》いたし候欲念より起し候事には更に無《これ》レ之《な》く、日月星辰の神鑑にある事にて、詰《つま》ル処《ところ》は湯武《とうぶ》漢高祖明太祖、民を吊《あわれみ》、君を誅《ちゅう》し、天誅を執行《とりおこない》候誠心のみにて、

（『檄文』）

とあるように仁政の回復をめざすものであった。それは中国古代の湯武*三代の治、日本の歴史でいえば天照皇大神《あまてらすおおみかみ》の時代への回復は至難としても中興の気象に恢復したい、せめて漢の高祖や明の太祖がやったように民を慈しむために*天命に見放された君主を誅罰することを天の道とした。しかし平八郎の目的は事件を起こして改革者を呼び起こすことで、権力を簒奪《さんだつ》することではないので門人を中心とした最少人数でことが企てられた。

　事件は市街地特有の遭遇戦が二度ばかりあったが、あとは騒然とした混乱のなかであっけなく終わり、門人たちはそれぞれ身を隠すことになった。逃亡した門人の大半は平八郎父子と西村履三郎を例外として一週間もたたない間に捕縛され、入牢させられ、死亡したものは樽に塩詰めされて大坂三郷《さんごう》（南組・北組・天満）引き回しの上、鳶田《とびた》刑場で磔《はりつけ》の刑に処せられた。平八郎は事件の責任者として潔く切腹する道を選ぶべきであったが、意外や逃亡生活に入った。

しかしそれには理由があった。彼は事件の直前に江戸幕閣に向けて天下り官僚の不正無尽にかかわる腐敗を告発する『建議書』を送付していた。それが幕閣の手に届けば何らかの変化が起こるものと期待していた。その成り行きを知るために平八郎は、一日でも生き延びることにこだわった。そこで大坂油掛町の美吉屋五郎兵衛の家に身を寄せた。しかしここでも女中の話から探索が入り、三月二十六日夜、平八郎父子も火中のなかで自害した。

江戸に送られた『建議書』は幕閣に届くことなく、大坂奉行所の追跡による手回しで返送される途中、三島《みしま》の宿《しゅく》に近い塚原新田村境で渡り人足清蔵によりなかが物色され、金目のものがないのでその場に捨てられた。それが三島の宿でわかったので、散乱していた書き物を集めて韮山《にらやま》代官所に持ち込まれた。

しかし事の重大性から代官の江川太郎左衛門はそれを書き写して本文を評定所に提出した。以来『大塩建議書』は水戸藩などには風説として伝えられたが、建議書そのものは封印されて人の知る所ではなくなった。ようやくその全貌[12]が知られるようになったのは、平成になってからである。平八郎によって起こされた事件の意味が、ここにその全容が把握されるようになった。それは官僚層の腐敗を告発することで、仁政の行われる幕政の改革を期待するものであった。

一世を震撼させた大塩事件はかくて終焉した。大塩の死骸も三郷引き回しの後に鴇田で磔の刑に処された。時に天保八年八月二十一日のことであった。

おわりに――大塩思想をどう見るか

大塩事件は天下をゆるがす大事件であっただけに、その評価は事件が発生した同時代から今日に至るまで、賛否が両立している。否とするものの最たるものが近年の大塩テロリスト論である。ここまで平八郎を貶《おとし》めれば前近代の歴史はテロリスト史観に覆われてしまい、それぞれの時代を政治的に支配したものはテロリストの首領でありその後裔《こうえい》の歴史ということになる。テロリズムを危険視して歴史をテロリズム化することになる。

重要なことはテロリズムについての学問的定義を明確にすることである。事件を起こせばテロリズム、では歴史解釈として短絡的に過ぎる。言論の自由など社会的に訴える手段がありながら、自己の主張を貫くために特定の人物の命を奪ったり、不特定の人々を予告なしに殺害する行為がテロリズムである。

それに対して社会的に訴える手段のない時代に、自らの属する階層の生命や生存の危機を訴えるため、それまで庶民のおかれた現実を無視した為政者を除去することは人間としての権利である。だからこそ人間は言論の自由など表現の自由の尊重される社会を求め、歴史のなかで民主主義の価値を大切にしてきたのである。

しかし前近代社会においては言路は閉ざされ、為政の掌《しょう》にある者にすべての判断が任されていた。その為政の掌《しょう》にある者が庶民の困窮する危機の際にも、一身一家の安泰を願うだけの為政者としての資質に欠けたとき、歴史は人間の生命を維持するための行動を人間の本性として認めてきた。それがたとえ第三者や後世から見ると乱暴な方法であっても社会的に訴える手段として、愚かな為政者に連なるもの以外は、誰もこの自然権を否定することはできない。

大塩事件は社会的に起こるべくして起こされた事件であった。限られた条件のなかで改革者としての聖人を求める、最大の効果を引き出そうとした平八郎なりに企図した事件であった。それは単なる大坂という一地方都市の事件ではないことが『大塩平八郎一件書』*で明らかになった。だからこそ韮《にら》山《やま》の代官・江川太郎左衛門はそれを歴史のなかに封印する一方で、大塩事件を実地に調査するために密使を送り事件の全容の把握に努めた。

また『建議書』のなかに水戸宰相様宛のものがあったところから、江川は水戸藩側用人・藤田東湖《とうこ》にそれを内示すべきか否かを問い合わせたが、東湖はそれを辞退した。しかし水戸藩としても浪華の状況に無関心ではおれないところから東湖は密使と面会し、大坂の詳報を得て『浪華騒擾記事《なにわそうじょうきじ》』を書き残した。

この『浪華騒擾記事』の一本である大阪城天守閣所蔵版には事件直後の大坂庶民の率直な平八郎への評価が述べられていた。それによると、

一、大坂市中殊之《ことの》外《ほか》平八郎を貴《うやま》ひ候由、甚しきハ焼《やき》たくられ候者迄、少しも怨み申さず、小者迄も大塩様と貴ひ、既ニ此度大塩を召捕《めしとり》候ものハ銀百枚の褒美《ほうび》下さるべき由触《ふれ》に相成居《あいなりおり》候処、大坂のもの申候にハ、たとひ銀の百枚が千枚になろう迚《とて》、大塩さんを訴人されうものかと申居候由、其外徒党の者をも皆ひいきいたし候よし。
（『浪華騒擾記事』）

という状況であった。

これを機に時代の大きな推移を読み取った水戸藩では藩主斉昭《なりあき》が『戊戌《ぼじゅつ》封事』（天保九年）を書き将軍家慶《いえよし》に提出し、会沢正志斎《あいざわせいしさい》が『退色間話』（天保九年）を記し、東湖も『弘道館記述義《こうどうかんきじゅつぎ》』で、幕藩体制への新たな対応の必要を述べたところであった。また藩内の米不足に対して平八郎が米の移送に協力したとする噂があったように(29)、大塩事件への関心は心あるものに深く根を下ろしていた。

このように大塩事件は単なる一地方の百姓一揆や打ちこわしとは異なる事件として、さまざまな階層の人々に衝撃をもって受け止められたことが、大坂周辺の村々のみならず、情報ルートに乗って各地に伝えられ、それが地域の知識層の間に書付として語り伝えられてきた。

平八郎は聖人がめざす*天地万物が一体の仁で包まれるような*公正無私な政治を期待し、その捨て石として大坂の地で果てたのである。ときに平八郎四十五歳のことであった。

この時から太平の世に安住を願う者は大塩事件を憎み、幕藩体制に違和感を抱くものは大塩事件に共感を示したのが、近世社会における大塩評価の歴史であった。

同時代の記録として最も注目されるものに、前者を代表するものとして松浦《まつら》静山《せいざん》の『甲子夜話《かっしやわ》』（天保十二年）があり、後者を代表するものに豪商住友家が明治になって編纂した同時代の記録『垂裕《すいゆう》明鑑《めいかん》』があった。

『甲子夜話』によると始めて大塩事件に遭遇した静山は、

> 当稔《とうねん》（丁酉）は、官上も芽出多喜《めでたき》御年と祝し奉るに、何かなる悪逆の者にや、歳の凶は天なり、斯《こ》の不順は人なり、実に憎むベキも猶《なお》足りず、因《ちなみに》聞に随《したがい》て追謄《ついとう》す、（『甲子夜話』）

天保八年（一八三七）は幕府にとってめでたい歳である筈なのに、悪逆の者が現われ凶年になってしまった。その原因は人にある。憎んでもなお足りない輩《やから》だ。従って関係者から聞いて書き留めておこう、と述べていた。静山にとって平八郎は悪逆無道の者であるところから「坂賊聞記《はんぞくぶんき》」と表記されていた。静山は平八郎についてこうも語っていた。

> 浪賊《ろうぞく》の主謀は、自ら孔孟学*と号せし者にして、世に謂《い》ふ癇癪持《かんしゃくもち》にてありしと。（中略）全体平八が性質厳酷なる人にて浪華誰誰《たれたれ》能く知《しり》たること也と。然《しか》れば反逆と雖《いえ》ども、全く彼が孔孟学の心、世上の態《てい》、我が気に容《いら》ぬことに触《ふれ》て、本性の癇癪が興《おこ》りしならん。成るほど孔孟学の狂言役者は、斯《か》くも有るべし。或る人の狼衣先生と、謚《おくりな》せしも、弥弥《いよいよ》信仰せり。（『甲子夜話』）

と静山は言葉をきわめて平八郎の人格をけなすことで事件を偶発なものとし、歴史の歪曲につとめた。

これに対して『垂裕明鑑』は大坂の豪商として、事件当日は家も焼かれた被害者でありながら、事件について極めて冷静かつ公正な分析をおこない、その経験から学ぶことで地域の豪商としての社会的使命を自覚する内容のものであった。

〈天満火災〉是月十九日朝、天満川崎辺ヨリ出火シ、直ニ打消タルニ、又与力屋敷ニ火起リ、夫《それ》ヨリ大騒乱ト為リ、所々ニ火災アリテ、市中一円ノ火ト為ル、且ツ大砲ノ声相聞《あいきこ》へ、鎗《やり》長刀抜刀ニテ市街ヲ駆ケ廻リ、実ニ驚クベキ景況ナリ、是レ大塩ノ乱ニテ、豊後町分家、別家久右衛門、喜三郎掛屋敷ノ内、備後町、錦町、太郎左衛門町、三ケ所延焼セリ、親類ニハ、鴻池屋《こうのいけや》善右衛門、同善之助、平野屋五兵衛、同郁三郎、皆類焼に罹《かか》レリ、其騒乱ノ始末ハ左ノ如シ

(『住友家史垂裕明鑑抄』)

と大塩騒動の概要と、これに続き市中住民への救民策や富豪に課せられた救恤《きゅうじゅつ》状況が述べられていた。そして問題の事件の張本人については「大塩平八郎の伝」として次のように記されていた。

平八郎、天資豪邁《ごうまい》ニシテ胆力アリ、学ヲ好ミ、厚ク陽明王子*ノ説ニ信ジ、躬行《きゅうこう》ヲ重ンズ、(中略)其声名一時ニ籍々《せきせき》タリ、嘗《かつ》テ太平ノ世人、皆 驕奢《きょうしゃ》ニ流レ、幕府有司《ゆうし》ノ不正ナルヲ慨嘆シ、切歯憤惋《ふんわん》スルコト久シ、

(『住友家史垂裕明鑑抄』)

と平八郎の人となりにふれ、また洗心洞*の教育についても、

長幼ノ別ナク、時ニ大状ヲ以テ、之ヲ鞭撻《べんたつ》シ、深ク心志ノ不正ヲ誡《いまし》メ、過《あやまち》ヲ改メ、善ニ遷《うつ》ラシム、然《しか》レドモ、師弟ノ交リ懇篤《こんとく》至誠ヲ尽シ、衆皆《しゅうみな》其徳誼《とくぎ》ヲ尚《たっと》ヒ、其高風ニ服セザルハナシ、

（『住友家史垂裕明鑑抄』）

と、洗心洞の学風について厳格のうちにも師弟の交わりが情誼に満ちたものであることを述べていた。
そして事件に向けた平八郎の決意について、

天保七年冬、一男ヲ挙ゲ、今川弓三《太》郎ト名《なづ》ケ、寵愛甚ダ深シ、是歳《このとし》、天下凶饉餓莩《きょうきんがひょう》野ニ盈《み》チ、物価昂騰シテ、窮困ノ民生活ヲ得ズ、而《しか》ルニ大阪市中ノ富豪ハ之ヲ救恤《きゅうじゅつ》スルノ意ナク、己《おのれ》自ラ驕《きょう》奢《しゃ》ニ耽リ、有司《ゆうし》モ亦《また》救荒済貧ノ策ヲ建テズ、是《ここ》ニ於テ、平八郎ハ憤然ト意ヲ決シ大事ヲ挙グ、首《かしら》トシテ有司豪商ヲ討チ殪《たお》シ、金米ヲ奪ヒ取リ、貧窮餓ニ苦ム者ニ分与セント欲ス、

（『住友家史垂裕明鑑抄』）

と、事件の起こるべくして起こったことへの率直な反省が述べられていたように、『垂裕明鑑』の記述には塩賊などの憎しみに満ちた表現もなく、大坂を代表する豪商としての社会的責任をもふくめた実に理性的な認識が示されていた。

かくして泉屋（住友）も大塩事件を機に家政改革を始めた。それまでのように特権商人として幕府など上ばかりを見るのではなく、豪商を軸にして成り立つ大坂の政治経済的実情を踏まえて、地域の安定のために下々の庶民の生活に目をやる必要性を自覚するものであった。このような社会認識が近代に向けた底流として、大阪を近代福祉の先進地域[30]にしたことを忘れてはならない。

同時代の記録としてこのほかに大坂市中の医師と思しき人物の書いた『浮世の有様《ありさま》』があった。大

塩事件の重要性から同時代の天保の改革や仙石騒動などのお家騒動記事に比して格段の紙数が与えられていたなかで、＊筆者は大塩事件を批判的にとらえ、平八郎に対しても、

夫《それ》学問の道は孝を本《もと》とし、身を修め家を斉《ととの》ひ、国を治め天下を平《たいら》にする理を切磋《せっさ》する者と聞《きく》に、去るきさらぎ浪花の大変、其張本《そのちょうほん》たる男平生は見台をたゝき、孔孟の伝授を講じながら、いかに天魔のわざなりとて、言語道断なる有様、（『浮世の有様』）

と平八郎の儒教思想を批判し、さらにその人格にまで言及し、

つら〳〵此奸賊《かんぞく》の生立《おいたち》を見るに、（中略）性質肝癪《かんしゃく》つよき剛正なる人物ゆへ、（中略）性得偏執つよき人物ゆへ（後略）、（『浮世の有様』）

と、性格的に狂に走る人間とみていたように、いかにも医師らしい見立てであった。しかし『浮世の有様』は平八郎批判だけでなく、事件を惹起させた幕府政治に対してもこれまた辛辣《しんらつ》に批判し、為政者の社会的責任に論及していた。

夫《それ》武士の四民に冠たるや、治乱ともに各々職分を守り、能《よ》くそれ〴〵に勤労を尽し、万民をして平易に居《お》らしめて、何《いず》れも安堵《あんど》せしむるを以《もって》の故也。このゆへに上よりして夫々《それぞれ》の身分に応じ、平日多《おおく》の秩禄を賜ひ、妻子・臣妾に至るまで、其の秩禄に飽満《あきみち》ぬるに至る。（中略）然るに近来武道大《おおい》に衰へ、多くは其本意を忘れ、常に教《おごり》を放《ほしいまま》にして自己の身分をも弁へず、君より賜ふ処の知行をば無用の事に費し、やゝもすれば頻《しきり》に肩を怒らせ臂《ひじ》を張りて、農商の利を奪ひ取て、こ

れを己れが有とせんと思ふ輩《やから》も少なからずと云。可歎事《なげくべき》にあらずや。（『浮世の有様』）

と、為政の掌《しょう》に当たる者の腐敗と責任が市井の知識人の立場から問われていた点では『甲子夜話《かっしやわ》』の平八郎憎悪論とは趣旨を異にする評論であった。

同じように反乱者を取り押さえるために大きな功績をあげた城付き与力・坂本鉉之助《げんのすけ》にも『咬菜秘《こうさいひ》記《き》』があった。事件の直後に書かれたにもかかわらず、坂本が初めて平八郎にあった文政四年（一八二一）以来の記憶に始まり、きわめて率直かつ公正な視点から書かれたものだけに、事件にかかわった跡部《あとべ》山城守批判など幕府の忌避に触れるところがあったので秘蔵された文書であった。

たとえば平八郎の人物像として短慮で激怒しやすいなどとする性格が流布されるなかで、

貞抔《ていなど》が接眉《せつび》の容躰にてハ人の申様にも見請け申さず、至極礼節等ハ正敷《ただし》く、万端の話も至極面白く、其度《そのたび》に益を得ること多く、文も武も貞等《ら》より遥かに優りし人と思ひ（中略）如何《いか》さま妄《みだ》りに政道を是非する癖ハ之あり候へども、貞等が身にハ至極益友と存じ居り候。（『咬菜秘記』）

と*政道批判する癖はあったが、短慮や怒りやすいなどの性格は見られず、逆に礼儀正しく話も興味深く、坂本は益友として評価していた。とりわけ武士団を欠く大坂城の防備について平八郎が被差別部落民を動員する考えを持っていたことには坂本も脱帽し、

此穢多を遣《つか》ふことを或人に話せしが、其人申ハ大塩ハ学者に似ぬ心の穢《けが》れたる人なり。左様《さよう》な心の穢《けがれ》より仮初《かりそめ》にも穢多抔《など》遣ひて事を為さんとせし権謀術数にてハ、迚《とて》も大事を為せぬ筈なりと云

ひしに、貞は其評を得心せず。　（『咬菜秘記』）

とあるように、坂本は平八郎の意見を支持した。また事件後、平八郎を非難中傷するために平八郎の人間性が問題にされたときも、

平八郎罪状の中に倅《せがれ》格之助妻を平八郎密通致し、弓太郎と申す格之助の倅ハ実ハ平八郎の子也。斯《か》く人倫の猥濫《わいらん》なる罪も有レ之《これある》趣《おもむき》罪状に書き出されしが、是ハ徒党の中より訴人に出たる者の申口にて、何かな師匠平八郎の事を悪敷《あしく》申為《もうしな》さんと申たることにて、必竟《ひっきょう》ハ犬の逃吠へと申ものなるべし、　（『咬菜秘記』）

と幕府側からの流言として否定したように、坂本が平八郎の守るべき名誉を見失うことなく公正な記録を伝えたことは、坂本も心のどこかで事件への共感を忍ばせていたからであろう。

大塩の事件は記録の中に残されただけでなく、越後柏崎での生田《いくた》万《よろず》の乱では大塩門弟と印した幟を掲げたり、能勢一揆でも徳政大塩味方の旗が立てられたように、幕藩体制批判の象徴として各地で平八郎の思想が継承されていた。とりわけ幕末の隠岐騒動においても門人西村履《り》三郎《さぶろう》の罪を負って流刑された長男常太郎を通して大塩思想がつたえられたように[31]、平八郎の思想は近代を切り開く明治維新と深くかかわっていたのである。

それ故、平八郎が批判した幕藩体制が崩壊して明治維新期になると、誰はばかることなく大塩事件は幕藩体制の腐敗をつく民衆救済の事件として評価されるようになった。もはや一方的に大塩

事件を悪と断罪することは通用しなくなった。

それでも事件当時、大塩の門人であった者や平八郎を知る者のなかに事件とのかかわりを逃れるために、例えば伊勢の御師で国学者でもあった足代弘訓《あじろひろのり》に見られるように作為の申し立てを行った者があり、彼らの申し口をまことしやかに伝えるものがこの時期にあった。

平八郎への関心は自由民権期や大正デモクラシー期のような政治の季節には、時代の必要に応じて庶民の味方として、また社会主義の草分けとして評価するものが現われた。もっとも社会主義とする評価には時代を改革するための期待と、森鷗外のように社会主義への危惧の念をもった好ましからぬ傾向とする流れがあった。しかし平八郎の思想は「未だ覚醒せざる社会主義」（森鷗外『大塩平八郎』）でもなければ、ましてや「米屋こわしの雄」（同前）などは論外であった。それを儒教流にいえば社会の公正無私な運営により庶民にそれぞれ処を得させる聖人の教えの実行であり、現代の視点から云えば民衆を基盤とした近代をめざす思想への歩みと定義できよう。

註（†印は後掲〈引用文献〉〈参考文献〉参照）

（1）溝口雄三「二つの陽明学」（『理想』一九八一年一月、572号）。なお拙稿「『古本大学刮目』†引用姓氏から見た大塩平八郎の学問的態度について」（『大塩研究』74号）参照。

（2）拙著『大塩平八郎と陽明学』†『大塩思想の可能性』†『大塩思想の射程』†（いずれも和泉書院刊）の大

塩研究三部作を参照されたい。

(3) 石崎東国『中斎大塩先生年譜』p.6。

(4) 拙稿「大塩平八郎とルソー思想の比較」(『大塩研究』75号、p.35以下)参照。

(5) 文化十年篠崎三島の葬儀に饅頭などの供え物を送る(相蘇一弘『大塩平八郎書簡の研究』三冊、二〇〇三年、「年譜」p.1210)。

(6) 「橋本忠兵衛・竹上万太郎申し口」(『大塩平八郎一件書留』東京大学出版会、一九八七年、p.23)

(7) 平八郎が洗心洞でどのような詩文のテキストを使っていたかはこれまで全く知られていなかったが、門人西村履三郎家の調査で『洗心洞唐宋元明清名家詩選』を発見し、その全貌が明らかになった。詳細は拙著『大塩平八郎と陽明学』所収「大塩後素編『洗心洞唐宋元明清名家詩選』の世界」参照。

(8) 天保四年に平八郎が大溝藩士四人にあてた書簡のなかで「蒼生菜色飢餓之時、一方一村成共孝悌之道を心得、躬行為致置候ハバ、心得違之不法仕候もの自ラ少く、右ニ而は藤樹翁之宿志、往々可被行哉と奉存候」(『大塩平八郎書簡の研究』同上註(5))の意味を、宮城公子『日本の名著 大塩中斎・佐藤一斎』(中央公論社、一九七八年、p.46)・荻生茂博『近代・アジア・陽明学』(ぺりかん書房、二〇〇八年、p.218以下参照)のいずれもが世俗的孝を農民に説く封建的思想と規定している。

(9) ルソー『人間不平等起源論』(岩波文庫、一九七二年、p.71以下)参照。

(10) 「大塩思想の原点としての『孝経』」(拙著『大塩平八郎と陽明学』p.47以下)参照。

(11) 拙著『大塩思想の可能性』所収「佐藤一斎の実学主義と大塩の孔孟学」参照。

(12) 仲田正之編「摂河両国村々役人大坂町奉行所与力同心ら非法につき訴状」(『大塩平八郎建議書』文献出版、一九九〇年、p.152)

(13) 同上註(12)、p.149以下参照。

（14）このとき肥前五嶋に流された僧全正は、もと京都六条辺の浄土寺の僧であったが遊興が過ぎて破戒僧の烙印を押された。ところが大塩の乱で罰せられた門人西村履三郎の次男・謙三郎が嘉永二年（一八四九）に五嶋の福江島に流刑され、その時、全正と出会い、その庇護のもとで五嶋侯に仕えるまでになった。拙著『大塩平八郎の時代』（校倉書房、一九九三年、p.202以下）参照。

（15）岡本良一は平八郎が大坂における防備を必要とする事件に、被差別部落民を動員する必要性を指摘していたことに対して、部落民の解放意欲を利用する狡猾な封建的支配意識として批判していた（『大塩平八郎』創元社、一九四三年、p.137）。しかし渡辺村の知識層の間には司馬遷『史記』の樊噲《はんかい》伝が共通認識としてあり、それを前提とした関係であったことを無視してはならない。

（16）「門人西村履三郎から見た洗心洞」（『†大塩平八郎の陽明学』p.181以下）参照。

（17）宮城公子は「『劄記』はノートの意である。この書の各条は、一読その意味が判然とせず、また相互に無関係な三百余ヵ条は、その配列の順序も、書かれた時期についても何の分析の手がかりもない」（『日本の名著　大塩中斎・佐藤一斎』同上註（8））と批判しているが、平八郎は先学の劄記体の反省として按排布置を考えて編集しており、宮城の批判は的はずれである。

（18）拙稿「大塩平八郎と天照皇太神信仰」（『†大塩平八郎と陽明学』p.193以下）参照。

（19）（『†大塩平八郎書簡の研究』二冊、p.489）、相蘇一弘はこのところを足代弘訓の息弘敷の死と関係づけているが、それは文脈から見てすこし無理な解釈と云えよう。

（20）同上註（8）参照。

（21）拙稿同上註（1）、p.38参照。

（22）『引用姓氏』については正確には二百三十五名である。詳細は拙稿同上註（1）、p.23以下参照。

（23）板野長八は『大学』は君主に対する道徳主義的な抵抗の書であるとしている（「大学編の格物致

知」『史学雑誌』71－4）

（24）津田秀夫稿「第十一代・徳川家斉」（北島正元編『徳川将軍列伝』秋田書店、一九八九年）

（25）「あらゆる言語的形成〔表現〕の内部には、〈語られてあるもの／語りうるもの〉と〈語りえぬもの／語られぬままのもの〉との相克が存在している。この相克を観察するとき、語りえぬもののパスペクティヴのなかに、同時に、究極の精神的本質をひとは見ようとする」（ベンヤミン『近代の意味』筑摩学芸文庫、一九九五年、p.19）

（26）安田喜憲「小氷期と河内平野の綿作の盛衰」（同『気候と文明の盛衰』朝倉書店、二〇〇七年、p.295以下）参照。

（27）小坂珠城『無尽業態の研究』（文雅堂、一九三〇年、p.8）

（28）拙稿「心情の文学としての『†洗心洞詩文』」（『†大塩平八郎と陽明学』p.231）

（29）山川菊枝『覚書　幕末の水戸藩』（岩波書店、一九七四年、p.59）

（30）大正二年、小河滋次郎が大阪府に招聘された時、その第一印象として大阪が他地域にみられない救済事業の先進地域であることを指摘していた（「大阪の救済事業」『小河滋次郎著作集（中）』日本評論社、一九四三年、p.385～7）

（31）拙著『大塩平八郎の時代』（同上註（14））、『浪華異聞・大塩餘談』（和泉書院、一九九六年）など参照。

索　引

1 基軸思想

【太虚《たいきょ》】 23 29 48 57

謹みて案ずるに、太虚《たいきょ》や、気や、万物や、道や、神や、皆一物にして聚散《しゅうさん》の殊《こと》なれるのみ。要するに太虚の変化に帰するなり。故に人は神を存して以て性を尽くせば、則ち散じて死すと雖《いえど》も、其の方寸の虚は、太虚と混一して流れを同じくし、朽ちず亡びず。人如《も》し虚を失はずして此《ここ》に至らば、亦《ま》た大《おおい》なるかな、盛《さかん》なるかな。

（『洗心洞劄記』）

〔解説〕 物事をよくよく考えてみると太虚と云ったり、気、万物、道、神などと云っているが、これらはみな本質的には同じもので、その表象の仕方が異なるだけである。何《いず》れも太虚の相を現わしている。それ故、人は心を込めて自らの性を存分に発揮すればたとえ気が発散して肉体は朽ちても、心の中に築かれた公正無私の心は太虚となって溢《あふ》れ出し、朽ちず亡びることなく、その公正の心は世の中に輝きわたるであろう。

心太虚に帰するは、他に非ず。人欲を去《さ》り天理を存すれば、乃《すなわ》ち太虚なり。

（『洗心洞劄記』）

〔解説〕 人の心を太虚に帰すると云うことは、外でもない。それは人欲を去って公正無私の天の道理に従うことにある。云ってみれば簡単なことのようであるが、それがなかなか人間には難しいのである。

【良知《りょうち》】

24
29
48
57
71
89

而《しこう》して愚亦《また》説有り、其の霊照不昧《れいしょうふまい》なるは、此れ至善の発《あらわ》し見《あら》わる、乃《すなわ》ち明徳の本体にして、而《しこう》して即ち所ㇾ謂《いわゆる》良知の者《こと》なり。是に由つて之を観れば、則《すなわ》ち良知は即ち是れ至善なり。其の良知の本は、即ち天の太虚にして、無極の真のみ。

（『古本大学刮目』）

〔解説〕 そこで私にも説がある。その心が物欲にくらまされないのは、そこに最も優れた善が姿を現わしたからで、それこそがあるべき徳の本体であり、これが良知の実像である。そうであるならば良知を発揮するためには至善を尽くさねばならず、良知は云うまでもなく公正無私の天の太虚そのもので、いまだ陰陽に分かれない無極の真が良知の出所である。

世を海と為《な》し、身を船と為し、心を舵《かじ》と為すに、終日身の船は世の海を浮沈し、心舵《しんだ》なきが如し。則《すなわ》ち利雨名風たらざれば、慾瀾《よくらん》情波は溺者の覆《おお》ふ所、是《こ》の故ならん。性宝を喪《うしな》はざる者は、宜しく堅く心の舵を執《と》り、那《なん》ぞ涯《はて》無き、底無きの世海を渡るべし。縦《ほしいまま》にその風雨波瀾に逢ふも庶《こいねがわく》は免れん。覆溺《ふくでき》の害なるか。嗚呼《ああ》。念《おもい》之に及び能《あた》はず、戦はざるを兢《おそ》れん。或は問ふて曰く「心舵は之何を謂ふ也」答へて曰く「心舵は則ち良知なり」と。

弟子に良知を喪《うしな》ふものあり、之を撰び此の説を以て戒め門人に及ぼさん

後素印

（大塩平八郎書石刷）


〔解説〕 世の中を海に喩《たと》えれば、身体は船で心が舵であるが、船は終日浮き沈みして心の舵が働かない。世の中では慈雨良風が優れた道徳的教えとして行き渡らない限り、慾情が世間の海に溺れたものを遠からず覆ってしまうのだ。もって生まれた心の宝を失わないものは、それ故、確《しっか》りとその心の舵を握りしめれば、どのような果てしなく深い世間の泥海でも渡ることができ、世間の風波に遭遇してもきっと免れることであろう。問題は情欲に取りつかれる害にある。その事に考えが及ばず、欲情と戦わないことが人を誤まらせることなのだ。

それではお尋ねしますが、「心の舵とは一体なんですか」。答えて云う、「心の舵とは良知のことなのだ」。

弟子に良知を失うものがあるので、このような喩えを掲げて門人を戒めた。　後素

【孝】

23
45
66
100

孟子亦曰《また》く、「堯舜《ぎょうしゅん》の道は孝弟のみ」と、是を以て之を考ふるに、則ち四書六経《ししょりくけい》の説く所、多端と雖《いえど》も、仁《じん》の功用遠大と雖も、それ徳の至り、それ道の要、ただ孝在るのみ。故に我が学は孝の一字を以て四書六経の理義を貫かん。

（『儒門空虚聚語』付録『洗心洞学名学則』）

〔解説〕孟子も「堯舜の道は孝弟がすべてである」と述べたように、これから考えても孔孟の教えである四書六経は色々なことを述べ、仁の働きの大きさについても触れているが、人間社会における道徳の頂点でありまたその要を為すものは、実は孝の徳である。それ故、私のめざす学問は孝の精神で四書六経をも解読せんとするものである。

この節、畿内侯家《こうか》藩臣重役の内、憤発入門、良知《りょうち》を致すの学に志し候向き出来《しゅったい》し、近衛殿領地摂州伊丹豪富の者ならびにその地一同良知を信奉仕り候様相《ようあい》成り、弟子ども教授に遣はし御座候につき、蒼生菜色《そうせいさいしょく》　飢餓の時、一方一村《ひとかたいっそん》なりとも孝悌の道を心得、躬行《きゅうこう》致させ置き候はば、心得違ひの不法仕り候もの自づから少なく、右にては藤樹翁の宿志《しゅくし》、往往行なはるべきやと存じ奉り候、……一斎は誠意良知の義を藤樹翁の通りに、当たり障りの遠慮なく説示し候義は致さざる由、依つて津藩の学者向きにては沙汰宜しからず候に就き、今般前書跋文送り、なほ良知の義を厳しく申し遣はし候。

（「大溝藩士四名宛大塩書簡」）

〔解説〕 この頃畿内の大名家の重臣からも洗心洞塾への入門者が現われ、良知の学への志が高まっています。近衛殿領地の摂州伊丹の豪商はじめ同地でも信奉者があり、弟子たちを教授に遣わしました。ともかく民にとって厳しい飢饉の時代であるので一つの地域一つの村でも孝徳即ち仁政を施せば、農民も心得違いの不法を犯すことはありません。このような時こそ中江藤樹翁がかねがね説かれた仁政を行わるべきと思います。……ところが佐藤一斎は誠意良知の義について藤樹翁のように誰はばかりなく説示することがないので、津藩の学者の間では評判がよくなかったそうです。そこで今般、「致良知」についての前書跋文をお送りしましたので良知の意義について十分修得してください。

なおこの文章ほど、これまで研究者の間で誤解されてきたものは珍しい。それは大塩思想の原点にある至徳要道の孝経思想の意味が見落とされたところから、孝を単純に親孝行的な通俗的解釈をしたからである。なお本文 p.66～68参照。

【天地《てんち》万物《ばんぶつ》一体《いったい》之《の》仁《じん》】 17 88 96

聖人は天地万物を以て一体と為し、其の人物を視《み》ること猶《な》ほ吾が首足腹背手臂《てひじ》の如し。故に人物の病痛は即ち我が病痛なり。是れを以て吾が心の悪《にく》む所のものは、肯《あえ》て一毫も人に施さず。是れ之を天地万物を以て一体と為すと謂ふなり。

（『洗心洞劄記』）

〔解説〕聖人と云われた人はこの世に存在する木石に至る迄あらゆる物の在り方を、みな自分の身体的一部分として受け止める。まして人の場合は身体的に感じ合い、その病苦に際しては自らの病痛と受け止める。ここから我が心において憎むものは、どんな僅かなことでも他者には及ぼさない。このような心の在り方を天地万物一体の仁というのである。そこに至るためには自らの良知を研ぎ澄まさないとできないことだ。

呂与叔《りょよしゅく》曰く「大学は大人《たいじん》の学なり。理を窮め性を尽すのみ。性は内外を合するの道。天地万物を以て一体と為すものなり。」（中略）
後素按《あん》ずるに、天下を以て一人と為し、天地万物を一体と為すに至る。則《すなわ》ち聖賢帝王みな其の中にあり、而《しこう》して人の能事《のうじ》おわれり。

（『古本大学刮目』）

〔解説〕尊敬する中国宋代の学者呂与叔先生は、「『大学』は徳のある人の学ぶ経典で、それによって道理を窮め自らの性を尽くすことが肝心である。人の性は自他を結びつける働きであり、天から与えられた性こそ天地の万物を一体のものとして感得させる心の働きである。」と述べられた。……私平八郎も考えるに、天下はあたかも一人の巨人の如く、天地万物はその生命力において一体の如く連なっているのを実感する。かつて三代の治を目指された聖賢帝王は、皆そのような天性を備えた仁の人であった。それ故、人として為さねばならないことはすべて為しとげられてきた。しかし人のよくなすところであろうか。

【孔孟学《こうもうがく》】（孔孟思想・孔孟の学術） 17 29 34 53 58 72 97

弟子余に問うて曰《い》ふ、先生の学は之れ陽明学と謂ふか。曰《いわ》く否《いな》。之を程子の学、朱子学と謂ふか。曰く否。曰く之を毛鄭賈孔《もうていかこう》の訓詁註疏《ちゅうそ》の学と謂ふか。曰く否。仁斎《じんさい》父子の古学か、抑《そもそ》も徂徠《そらい》の詩書礼楽を主とするの学か。曰く否。然《しか》らば則ち先生の適《たま》ま従ふ所は将《まさ》に何学ぞや。曰く、我が学は只《ただ》仁を求むるに在るのみ。故に学に名なし。強《し》ひて之に名づくれば孔孟学と曰はん。曰くその説いかん。曰く我が学は大学中庸論語を治《おさむ》るなり。大学中庸論語は便《すなわ》ち是れ孔氏の書なり。孟子を治るなり。孟子便ち是れ孟氏の書なり。而《しこう》して六経《りくけい》皆《み》な亦《ま》た孔子刪定《さんてい》の書なり。故に強ひて之に名づくるに孔孟学と曰ふなり。

（『儒門空虚聚語』付録『洗心洞学名学則』）

〔解説〕弟子が私の学問を王陽明の学かと尋ねた。私はそうではないと答えた。するとまた程明道・程伊川や朱子の宋学かと尋ねた。もちろん否と答えた。それでは詩経を研究した毛亨《もうこう》、経書を注釈した鄭玄《ていげん》、古文の経学者賈《か》達《たつ》、そして孔伝を書いた孔安国らの訓詁註疏の学かと尋ねるので、それも否と答えた。さらには仁斎父子の学か、荻生《おぎゅう》徂徠の詩書礼楽の学かと尋ねるも、皆否と答えた。

そこで私の学問はひたすら仁を求める学で、既成の儒教研究に見られる学風には属さないが、強いて言えば孔子や孟子の原典から直接学ぶ孔孟学である。私のめざす学問は孔子が自ら選んだ大学・中庸・論語及び孔子の教えを継承して敷衍《ふえん》した孟子の書から直接学ぶものであると答えた。

嗚呼《ああ》、孔孟の学は一に仁を求むるに在り。而して仁は則ち遽《にわか》に手を下し難し。故に或はその訓詁註疏を読み、而してその影響を求め、或はその敬を居し理を窮むるの工夫に因《よ》り、以てその精微を探り、その底蘊《ていうん》を窺ひ、或は良知を致し、以てその易簡《えきかん》の要を握り、而して畢竟《ひっきょう》するに各《おのお》の皆《み》な孔孟の学に帰するのみ。然《しか》り而《しこう》して孔孟数千百歳以前、既に数千百歳後、諸儒各《おのお》の意見を争ひ、宗を立て、派を分け、以て同室の闘ひを為すを逆知す。故に孔子孝経を以て曽子に授け、而して之を至徳要道と謂ふ。孟子亦《また》曰く、堯舜《ぎょうしゅん》の道は孝弟のみと。

（『儒門空虚聚語』付録「弟子の学名学則を問ふ答ふ」）

〔解説〕　実《まこと》に孔孟の学は仁一筋に帰することである。しかし仁は誰にでも手の届くところにはない。そのために経典の訓詁註釈から学び、その影響下に生まれた朱子の居敬や窮理の学から最もすぐれた方法を学んだり、王陽明の良知の学から易簡の方法を学ぶのである。要は各人それぞれが孔孟学を目指すことに自覚することである。

ところが孔孟が現われて聖王の教えを学問化した。それから数千百年の間にこの孔孟の教えにも強弱が立てられ、孔孟の教えに対立が生じるようになるだろうと、孔子は『孝経』を曽子に与えるとき、孝の至徳要道の意義を明らかにした。孟子もまた堯舜の教えは孝道のみであることを明らかにした。このように孔孟思想は「孝」を軸に解読されねばならないのである。

（参考）**【天人合一《てんじんごういつ》】**

> 眼を閉《と》ぢて之を反観すれば、則ち方寸の虚も亦《ま》た春夏秋冬のみ。眼を開いて之を放観《ほうかん》すれば、則ち天の太虚も亦た仁義礼智のみ。天人の合一は疑ひ無し。
>
> （『洗心洞劄記』）

〔解説〕じっと眼を閉じて心のなかを観察すると、心の虚が自然界の春夏秋冬に呼応しているのが分かる。眼を開いて心を開け放つと、天の太虚が人間界に呼応して仁義礼智として現象しているのが実感できる。天の公正な道理と人間界の公正な理は一体のものだ。それを人がどう受け止めるかが問われているのだ。

2　学問観

【朱子学批判】（朱子学）　13 14 23 30 43 57 70

朱子曰く「我を以て書を観れば、処処に益《えき》を得、書を以て我を博《ひろ》くすれば、巻《かん》を釈《お》いて茫然《ぼうぜん》たり」と。又《ま》た曰く、「聖賢の言を読みて、心に通ぜず、身に有せざれば、猶《な》ほ書肆《しょし》たるを免れず。況《いわ》んや其の読む所、又《ま》た聖賢の書に非ざるをや。此《これ》を以て人を道《みちび》き、乃《すなわ》ち其の教化の行《おこな》はれて風俗の美ならんことを望まんと欲するも、其れ亦《ま》た難い矣《かな》」と。（中略）

右の十有《ゆう》二条は、乃ち朱子が書を読み学を為すの矩矱《くかく》なり。而して深切丁寧《しんせつていねい》なりと謂《い》ふべし。故《ゆえ》に人の之を解するは甚だ易きに似て、而《しか》も之を行ふは益《ます》ます難し。朱子の没後、其の学者は果して我を以て書を観《み》しや、抑《そも》そも書を以て我を博くせしや、恐らくは書を以て我を博くせし者多からん。然《しか》らば則《すなわ》ち口に朱学を倡《とな》ふと雖《いえど》も、而も実は則ち其の門外の漢に非ずして何ぞ。聖賢の言を読み、之を身心に求めて、教化風俗に意有らんか、恐らくは之を読むと雖《いえど》も、心に通ぜず、身に有せずして、教化風俗を外視する者、亦《ま》た多からん。此の類《たぐい》を以て書肆《しょし》に比するの誡《いまし》めは、朱子既《すで》に已《すで》に之を言ひたれば、則ち薛文清《せつぶんせい》・胡敬斎《こけいさい》を待つて始めて貶《そし》るには非ざるなり。

（『洗心洞劄記』）

〔解説〕　朱子が言うように「自ら課題をもって読書するときは、読み進めるなかで色々と教示を受けるものである。しかし読書が知識を博《ひろ》めるだけであれば、書冊を閉じると書物からの緊張感もなくやれやれと思うだけである」。また「聖賢の言葉を読んでも心から理解できず、わが身に体得できなかったら、その人はまるで書店の経営者のようなもので物知りにしか過ぎない。まして聖賢の書ではないものを読んでいるようでは、学を修めたことにはならない。このような博識だけで人々を教導しても、決して優れた人材はうみだせない」。

以上の十二条は朱子が門人に与えた、学問するものが必ず守らなければならない鉄則である。それらは懇切丁寧に述べられているだけに、理解しやすいが実際に行うことは難しい。朱子なきあと朱子学を慕うものは果たしてどれだけ自覚して朱子の教えに従ったであろうか。それとも知識を博めるだけの努力だったのであろうか。恐らくこのような知識をもて遊ぶ者が多かったのであろう。そうであるならば口で朱子学を信奉していても、心はもはや朱子学から逸脱した門外漢でしかない。聖賢の書を読み之を骨肉化することで、世道を教化し風俗を改善しようとする人もあるが、世の中の風潮は聖賢の教えから遊離し、風俗の教化に無関心なものが多い。この類をたんなる物知りとして書店に譬《たと》えた誡めは、朱子自らも述べたところで薛文清・胡敬斎らが初めて取り上げたことではない。

大塩の朱子学批判は、清代の朱子学者陸隴其《りくろうき》などの陽明学批判に見られた同党異伐《どうとういばつ》のイデオロギー性を避け、きわめて理性的な批判を行っていた。しかし朱子学的認識論との違いや、記誦《きしょう》詞章化した朱子末学の弊に対しては厳しい批判を向けていた。

【学問】（問学）　14 16 28 32 44 59 75

豪傑俊偉《しゅんい》の士と雖《いえど》も、学問無かる可《べか》らざる也。学問は、徒《いたずら》に訓詁誦読文章詩賦《しふ》の謂《い》ひに非ず。而《しこう》して喜怒哀楽未だ発せざる已前《いぜん》に独り慎み、以て意を誠にす。即ち是れ学問なり。愚謂《い》ふ。この法を以て史伝を読まば、則ち史伝みな大学中に在り。且つ愚之に向かふ初見の人に、始めて大学を講ずるに、乃《すなわ》ち世儒《せいじゅ》と大いに異ならん。先づ明徳親民止至善を解かず。而《しこう》して先づ身に忿《ふん》懥恐懼好楽憂患《ちきょうくこうごうだ》する所あるの私意深く、心之を正で蔽《おお》ひ、而して発すれば則《すなわ》ち必ずその親愛賤悪畏敬哀矜《いけいあいきょう》　敖惰する所に之《ゆ》き、而して辟《へき》の害を解くなり。

（『古本大学刮目』）

〔解説〕　人から抜きんでた身体能力を備えた豪傑でも学問は欠かせない。学問とは訓詁註釈や文章詩賦を学ぶことだけではない。喜怒哀楽などの感情が心をかき乱す前に自ら慎み、意を誠にする事が学問する者のめざすところである。私が思うに、この方法で史書を読めば、史書から学ぶ核心は『大学』のなかにすべて述べられていることがわかる。その上、私が初めて『大学』を学ぶ者に対して教えることは、世間の儒者の教え方とは全く異なる方法である。まず明徳親民止至善の三綱領から教えるのではなく、三綱領をつらぬく誠の心を体得するため、何より先に人の情意が生み出される私意に捉われぬように、深く心性でそれを包み、もしそれが外に現われるようになれば憤懥《ふんち》には親愛の情を、恐懼《きょうく》には畏敬の念を高めるなどして公正な心で偏《かたよ》らない心の有り方から教えている。

【陽明学】 2 14 23 32 39 44 58 68 91

王子曰く。吾れ人に教ふるに、良知《りょうち》を致し格物の上に在つて功を用ふ、却《かえつ》て是に根本まさに有るを学問とす。学を問ふに日に進み一日に長じ、愈《いよい》よ久しく愈よ精明を覚ゆ。世儒《せいじゅ》人を教ふるに、事々物々の上に尋討《じんとう》を去《ゆ》く。却て是れ根本無きをまさに学問とす。（後略）　（『古本大学刮目』）

〔解説〕　王陽明先生の教授法は「まず良知について教え、実際の上に質《ただ》して工夫を加えることで、何がまさに根本にあるかを学問とした。このように学問すれば日一日と進歩し益々自分の心に長く良知の輝きを感ずるようになる。ところが世間の儒者は一つ一つの事物を追求するが、何が根本にあるかを明らかにしないまま学問とする。……」

【事上練磨《じじょうれんま》】 39 44

後素按ずるに、右一説、官吏の格物を論ず。而《しこう》して王門の格物は死套《しとう》に非ざるを見るべし。且つ愚《ぐ》未《いま》だ致仕せざる以前、簿書訟獄《しょうごく》繁難す。因みに王子の此の一属官の教への言を服膺《ふくよう》し、以て務め之を行ふ。心自づから慊《けん》。故に聖人の道は、獄卒市吏と雖《いえど》も、亦《また》之を学び、以て力を用ふる処を得んことを知らん。獄卒市吏蓋《けだ》し之を学ばざるや。

（『古本大学刮目』）

〔解説〕 私、平八郎が思うに、右の説は役人の物事をただす態度を論じたもので、陽明学の場合は役に立たない古臭いものではない。私がまだ役人であった頃、帳簿の整理や裁判業務で多忙をきわめていた。その時、陽明先生の教えに従い公正な心で職務を遂行してきた。その結果、心も自然と職務に自負を持つようになった。このように世の中の争いを公正に裁くという聖人の道は、裁判に携わる役人でもこれを学び、どこに問題解決の鍵があるかを知らねばならない。このように物事に即して正しい結論を得る事上練磨の精神は、裁判に携わる役人こそ学ばなければならないのだ。

【洗心洞学塾《せんしんどうがくじゅく》】（洗心洞）　16　21　37　44　67　91　98

静坐偶成

委吏《いり》　乗田《じょうでん》　此年ニ終ル
饑寒《きかん》脱スト雖《いえど》モ　先賢ニ愧《は》ズ
将《まさ》ニ鶏犬ヲ求メ　吾宅ニ帰ラントス
坐シテ陽明古洞ノ天ニ向カワン

（『洗心洞詩文』）

〔解説〕　天保元年（一八三〇）に私はわずらわしい奉行所役人としての生活から引退した。庶民にとって飢えと寒さの続いた厳しい時期は峠を越したとはいえ、民を慈しむ政治においては、昔の聖人の教えから見てまだまだ恥ずかしいことだ。そこで私は門人たちに期待して自宅に引き籠ろうと思う。そして王陽明先生が静座して聖人の学に目覚められた、あの陽明洞の体験のように、私も心を太虚に帰する天に向かいたい。そして聖人の道に一歩でも近づくために王学を究めたい。

未《いま》ダ管見《かんけん》セザル音《こえ》　吾レ起キルコト更《こう》
手ニ新朶《しんだ》ヲ開キ　墻《かきね》ニ出《いだ》シ横ニス
売花ノ老叟《ろうそう》　権知《けんち》スル有リ
我ガ門扉《もんぴ》ヲ過《よぎ》ルニ　声ヲ放タズ

（『洗心洞詩文』）

〔解説〕　これまで聞いたことのない物売りの声に目を覚ますのは夜の明けない暗いうちだ。それは切りたての花束を解き開いて土塀にそって並べている花売りだ。その年老いた男はすべてをよく心得、洗心洞の門扉を横切る時は売り声を出さず、静かに通り過ぎるのだ。もとより洗心洞では早朝から講義をしているのを彼はよく承知しているからだ。私も洗心洞の教育に手をゆるめるようなことはしないぞ。

主客相《あい》忘ル　此ノ館中《かんちゅう》

共ニ周易《しゅうえき》ヲ譚《はな》シ　胸襟《きょうきん》ヲ豁《ひら》カン
端《たん》ナク坐《ざ》玩《がん》スルハ　一時ノ象《しょう》
両裏《りょうり》怪ム松　躍竜《やくりゅう》ノ如シ

（『洗心洞詩文』）

〔解説〕友人の家に集まって読書に興じるなか、此の家の人々は誰が主人で誰が客かも忘れているようだ。皆が心を開いて一つになって孔子の『周易』（『易経』）について語り合っている。そこでは誰も堅苦しい正座などせず、くつろぐなかで『周易』の意義を深く考えようとしている。正座して学ぶのと正座しないで語り合う二つの場面を不思議に思う庭の松は、それでも躍り上がる竜のように我々を眺めている。聖人を迎える竜もここからきっと飛び立つのであろう。

【王陽明先生】（王子）16 28 29 49 63 68 81 84 98

王子曰く、虚霊《きょれい》不《ふ》昧《まい》、衆理《しゅうり》具《そな》はりて万事に出づ。心外に理なく心外に事なし。

（中略）

後素案ずるに、陽明王子の言、明徳の大は心の外ならざるを説く。而《しこう》して一篇の義は此に尽さん。且つ其の本は固《もと》より朱子の説より来たる。而して朱註は則ち、「虚霊不昧、衆理具はりて万事に応ず」と云ふ。未《いま》だ後世、理は事と岐《わか》れて二と為すの弊を開くを免れざるなり。王子の説と合せざるが似《ごと》し。孟子曰く「舜《しゅん》は庶物を明らかにするに、人倫を察し、仁義に由《よ》り行ふ」と。仁義を行ふに非ざるなり。夫れ仁義は、理なり、事なり。仁義に由りて行ふは、則ち心理の事を行ふに非はなきなり。理は事と一なり。此れ豈《あ》に但《た》だ舜のみならん。古の聖人皆是なり。

(『古本大学刮目』)

〔解説〕王陽明先生は「心の働きは不可思議なもので何事にも反応を示し、多くの道理を備えていてどのような事がらにも対応する。そこから考えても心の外に道理はなく、心の外に人事にかかわる事柄も発生しない」と述べていた。

私、平八郎が思うに、王陽明先生は人間にとって大切な徳は限りなく大きくても、心の外の事でないことを明らかにされ、『大学』三綱領の意義もここに尽くされている。加えてこの説は本はといえば朱子により「虚霊不昧、衆理具はりて万事に応ず」と云われていた。ところが朱子の後学により、理は事と岐れて二つの概念とされるようになったので、王陽明先生の説と一致しないようになった。孟子の云うには「舜は万物に光を当て、人のあるべき道を察知し、仁義に基づいて政治を行った」。仁義のなかに道理があり、人事がある。心の道理は行うためのものである。そして道理と人事は一つに結ばれている。これは舜だけの考えだろうか。古の聖人と呼ばれた人は皆このような仁義の人であったのだ。

嗚呼《ああ》、先生の黙決、独知は須《すべから》く亀卜《きぼく》ならず。西域に虚を撞《つ》き、終《つい》に亦《ま》た縛束《ばくそく》す。人その功を称し、謂《い》ふにその学を知らざるに非ず、功業皆な良知《りょうち》に出づるを。惜しいかな良知之説は響き絶えて幾時か。其の由《よし》を考索するに、決つて師在らず、曰く仁蚕夭《じんそうよう》し、緒山《ちょざん》才遅く、竜谿《りゅうけい》高きに過ぎ、原静《げんせい》奇を好み、東廓《とうかく》、南野《なんや》は体を具うも、而《しこう》して微、劉《りゅう》は黄刑《おうけい》に死に、学脈の糸断え、道これ行はれず、其れ断《かく》あるか。嗚呼、惜いかな、予異域に生まれるに、数百歳の後、要領は討《たず》ね難し、黙々と株守するも、頭を出す能はず。庶《ねがわく》ば猿犹夢寐《えんゆうむび》の間、人有りて、相授けん。授ける所果して何ぞや、誠意の講を聴き、偶々《たまたま》全書を購《か》ひ、一二句を読むに、忽《たちま》ち心非なるを知り、又学の謬《あやま》りを識る、誠を専らにして研磨するに肺疚《はいきゅう》心に嬰《わずら》ひ、死を欲すること再三、薬効奏せず、祖母病に卒し、外祖は寿を終へるも、悲哀は骨を刺し、病勢益々厚し。何ぞ幸なる反《かえ》りて蘇《よみがえる》を、誰が救ふを知らず、天之れ霊有るか、然《しか》らざれば天佑《てんゆう》か、断然志を立てるも、敢えて口を事《さしはさ》まず、躬《きゅう》行《こう》実践、宋脈に負ふこと無し。願はくは先生、予を助け、此の心を朽ちざらしめず、身を殺し仁を為さしめん、固《もと》より予の懋《つと》める所は、清明在るが如く、霊鑑何ぞ咎めん。嗚呼、格思して予の祭祀を享《たてまつ》らん。

（『洗心洞詩文』）

〔解説〕この文章は文政十一年（一八二八）、王陽明没後三百年に当たって平八郎が田能村竹田《たのむらちくでん》に頼んで陽明の肖像画を描いてもらい、洗心洞講堂に掲げて祝った時の祭文の後半部である。

陽明先生の武人としての行動は無駄な論議を省いて決定した。またそこで発揮された優れた知識は亀卜に頼るものではなかった。西域での作戦でも相手の虚を突いて多くの敵をとらえたように、優れた功績の陰に人々は良知のあることを承知していた。しかし今その良知が絶えんとしている。その原因を考えてみると王守仁（陽明のこと）が早く死に、その跡を継ぐ門人の間に良知のあり方をめぐり意見の相違がみられ、王陽明の思想を受けついだ正統派の鄒東廓《かくとうかく》や欧陽南野《おうようなんの》らは今ひとつ影響力に欠けた。さらに劉念台に至っては明朝皇帝の毅宗の死に殉じたので陽明先生の良知を伝える学脈が絶えたことにある。

中国明代末から清朝初期にかけ、陽明先生の教えを受け継いだ門人間に亀裂が生じた。それから数百年、異域に生まれた私にとっては学習のすべもなく、我が国に伝えられた朱子学を黙々と守ってきた。若いころから学を求めるものに教えてきたが、その中身はなんであったのだろうか。そのうち誠意の学について講義を聴き、偶々陽明全書を購入してそれを読むと、自分の考え方の間違いを知り、訓詁《くんこ》註釈の学の誤りを識って誠意の学を学ぶことに専念した。しかし自分の身体的病気との闘いと、自分を育ててくれた祖母や母方の祖父の亡くなる中で悲しみに暮れていた。この時天の霊明か、天祐か、先生の学に接し自分は蘇ることが出来た。私は誰の学脈も受けていない。私は志を立て人には口にせず陽明学の体得に励んだ。私はもう朱子学に戻ることはない。どうか先生わたしの心が朽ち果てないように、そして命がけで仁をつくしますので力をお貸しください。平八郎が王陽明の肖像画の前で自分の正しいとする考えを明らかにした瞬間であった。

〔参考〕【詩文観】

詩文を作ること、経学家の以て非と為すは、恐らくは亦《ま》た非ならん。六経《りくけい》は便《すなわ》ち是れ聖人の詩文なり。故に学人は先づ其の良知を明らかにして、而して平日心に蘊《たくわ》へしものを以て、物に触《ふ》れ事に感じ、吐いて詩文と為せば、則ち詩文は乃《すなわ》ち学を助け、聖道に於て何の害か之れ有らん。若《も》し亦た良知を明らかにせず、而して徒《いたず》らに筆墨を弄《ろう》し、以て名を売り誉《ほま》れを求むれば、則ち道と大いに背馳《はいち》す。要は彫虫《ちょうちゅう》の小技たり。豈《あ》に惜しむべきに非ざるか。

（『洗心洞箚記』）

〔解説〕　詩文を作ることを一部の経学者の間では、道を求めるのに害があると批判しているが、この考えもまた少し欠けるところがある。例えば孔子などによって書き残された詩・書・易《えき》・礼・楽・春秋の六経も考えてみれば聖人の詩文である。それ故、学を求める者はまず自らの良知を明らかにして、それを起点に平素からの心に蓄えた思いを、くらしの様々な場面で心に感じたことを詩文にすれば、その詩文も学修に役立ち聖人の道に通じるものである。それを詩文は詩文として学と切り離し、良知に問うこともなく、技巧ばかりを追い求めて名声を博すだけでは、聖人の教えから外れた詩の職人で残念なことである。大塩は詩作にだけふける、儒教精神から逸脱した幕末の教養主義的儒教を批判したのである。

【格物致知《かくぶつちち》】　74

吾が心に一念を発し、老を老とし、長を長とす。即ち老を老とし、長を長とす、便《すなわ》ち是れ格物。吾が心に一念を発し民の好む所を之を好み、民の悪《にく》む所を之を悪まん。即ち之を好み之を悪むは、便ち是れ格物にして、而《しこう》して以て然《しか》る所は良知なり。故に知を致すは物を格すに在り。物を格すは以て知を致《いた》すなり。格物致知は一にして二、二にして一、離る可《べか》らざるものなり。而して誠意より平天下に至る、亦《ま》た只《ただ》だ是れ致知格物の事のみ。故に大学は別に致知格物を釈す無きは是《ここ》を以てなり。又奚《なん》ぞ疑ふに足らん。

（『古本大学刮目』）

〔解説〕　自分の心に思う所があって老人を敬い、年長者を尊ぶことを決めるのは、物事の順序を質《ただ》すことである。同じように民の好むところを好み、民の悪む所を悪むのも物事の順序で、そのように自らの心に決めることが良知というものである。それ故、人が物事について考える時は物事の順序をよく正さなければならず、物事を正しく導くためには知識をつき詰める必要がある。格物と致知はそれ故、別々のものではなく表裏一体のものである。それ故、『大学』八条目の正心誠意から平天下に至る心の在り方は、致知格物で貫かれねばならない。『大学』では特に致知格物について註釈をしていないのはそのためである。

【性《せい》】 23 31

然《しか》り心の本躰は則《すなわ》ち性なり。性に不善なく、則ち心の本躰は本《もと》より不正なきなり。何よりして其の之を正すの功を用ひんか。蓋《けだ》し心の本躰は本より不正なし。其の意念の発動よりして後、不正あり。故に其の心を正さんと欲する者は、必ず其の意念の発するに就きて心を正さん。凡《およ》そ一念発して善となるや、之を好むに真に好色を好むが如く、一念発して悪《にく》むや、之を悪むに真に悪臭を悪むが如し。則ち意は誠ならざるなし。而《しこう》して心を正すべし。然り意の発する所は、善あり悪あり。以て其の善悪の分を明にするに有らず。

（『古本大学刮目』）

〔解説〕心の本体を性という。性には元々不善つまり悪はない。心の本体にも不正はない。しかし心が外から刺激を受けて意志や感情が発動すると、善悪が現われ心に不正が生じてくる。それ故、心を正すことで心性を見失わないようにしなければならないのだ。

71 【知《ち》行合一《こうごういつ》】

後素按ずるに、王子の知行合一の説出でしより、而して世の儒者、始めて聖学は言語文字の間に在らざるを知る。而して其の知行合一を論ずるの説、亦《また》枚挙すべからざる也。朱学の徒と雖《いえど》も、学を論ずるに至り、則《すなわ》ち王子の説に遵《したが》はざるを得ず、斯《かか》る義や自序に載《の》せん。然《しか》り而して吾が本躰は知行合一為ると謂《い》ふと雖も、如《しかる》を慎独の功に用ひず、徒《いたずら》に知行合一を論ずれば、則ち亦、言辞文字の余波に落ちんや。嗚呼《ああ》、慎独は力《つと》めて用ひざるべからざる也。（『古本大学刮目』）

〔解説〕私が思うに、王子の知行合一説が出て、聖学は文字の詮索ではなく仁政の実現に向けた努力であることが明らかになった。朱子学を学ぶ者も王子の説に従うようになった。しかし我々のめざす学問は良知の実現であるところから、知行合一のためには独り慎む自らへの厳しい自覚が必要である。それを抜きに知行合一を云々しても言葉だけに溺れてしまうことになる。

又按ずるに、良知良能は本《もと》二に非ず。故に季彭山《きほうざん》曰く、「良知良能は本一体也。先師嘗《かつ》て曰ふ、良能を知るは是良知なり、良知を能《よ》くするは是良能なり」。此れ知行合一の本旨也。但し発端よりして言へば、則ち明覚の幾を以て主と為さん。故に曰く知は行の始めにして、極め致すよりして言へば、則ち流行の勢ひを以て主と為す。故に曰く行は知の終りなり。知行を以て先後を分けるが若《ごと》しと雖《いえど》も、而《しこう》して知は行の始めに為て、行は知の終りと為す。則ち知る所は即ち是れ行ふ。行ふ所は即ち是れ知るなり。然らば則ち知能は一ならん。

（『増補孝経彙註』）

〔解説〕よく考えてみると、人が生まれながら備えている良知と良能は、本を正せば別々のものではない。それ故、季彭山先生も「良知良能は元来一体のもので、先師の王陽明先生も良能を知る者はこれが良知であり、良知を能くするものはそれが良能である」と云われた。これこそが知行合一の本当の主旨である。只だ事の順序として言えば知るとは心に覚《さと》るその時からで、従って知ることが行うことの始まりであり、知ることの意義が決着をつけるのは水の勢いのように、行うことが知の終着点である。知行を後先に分けるようだが、ものごとは先ず知ることに始まり、それを行うことで知に到達するのである。要するに知るところを行い、行うことで本当の知になるのだ。

【同党異伐《どうとういばつ》】　53 74

後素按ずるに、侍郎已《じろうすで》に字を解するに精《くわし》く当るなり。侍郎、王子を悪《にく》むものと雖《いえど》も、王子何ぞ敢て人を悪まんや。王子嘗《かつ》て曰く「之を心に求めて是なり。其の言の庸《なん》ぞ常に出づると雖も、敢て以て非と為さざるなり」と。愚惟《ぐおも》うに、侍郎老儒にして碩学《せきがく》。而《しこう》して其の言精切《せいせつ》たり。則ち之を採り入れん。亦《また》是れ王子の嘉尚《かしょう》する所なり。何ぞ世に嘵々同党異伐する者の誤る所に倣《なら》はんや。

（『古本大学括目』）

〔解説〕 私が思うに侍郎（侍郎は天子の侍従官であるが、ここでは清代の朱子学者・陸隴其《りくろうき》をさす）は儒学を細部にわたり理解している。しかし陸隴其は陽明学を憎み散々批判しているが、陽明先生は取り立てて朱子学を憎んでおられない。先生はかつて「学問を心に求める時、そこから出てくるものは、たとえ常日頃の平凡な生活から生まれた教えでも、敢て否定する必要はない」と云われた。私が思うに陸隴其は学を積んだ立派な学者である。しかもその言説は細やかで鋭い。だから私も取り入れている。王陽明先生もほめて下さるであろう。そうであるならば侃侃諤諤《かんかんがくがく》と同党異伐する者の誤りに従う必要はない。学問というものは公正な心で認識しなければいけないのだ。大塩が陸隴其などの陽明学批判に対して同党異伐の弊を嘆いていたのは、云うまでもなく寛政異学の禁以来のわが国の思想状況の不毛性を指摘するものであった。

【至善《しぜん》】 73

後素按ずるに、王子、程子の諸説に至つて、至善の名義を解くなり。王子云ふ。「至善は心の本体にして、本体上の才は当《まさ》に些子《さし》に過ぎず、便《すなわ》ち是れを悪《にく》まん。此れ未発の中に非ざるや」。然《しか》り則《すなわ》ち大学の至善なるは、中庸《ちゅうよう》の中なり。故に蔡虚斎《さいもうさい》、王竜 谿《おうりゅうけい》皆亦《ま》た至善を以て中と為す。

赫京山《かくきょうざん》則ち至誠と為す。張南軒太極の蘊《うん》と為す。而《しこう》して至善なり。中なり。至誠なり。太極なり。皆亦た無対の善なり。故に管東溟《かんとうめい》云云す。夫《そ》れ無対の善は、即ち太虚なり。万事由《よ》つて出づる所ならん。

（『古本大学刮目』）

〔解説〕私、平八郎が思うに、陽明先生も程子先生の説を媒介にして至善の意味を解読された。陽明先生は「至善は心そのもので、その中にわずかな過ちがあってもいけない。それは心に善も悪もないところから、いまだ外から押しかける感情で乱されない心の在り方で、その状態を中と呼ぶ」と云われた。これから考えて『大学』で述べられた至善とは、『中庸』の中でもある。それ故、蔡虚斎・王竜谿も至善を中とし、赫京山は至誠、張南軒は太極の集まる所と云うように、比較することのできない善の理想の姿で、管東溟が云うように比較されない善とはすべてを生み出す太虚の事である。

【天命《てんめい》を知《し》る】（天命）92

利害生死の境《きょう》に臨《のぞ》み、真に趨避《すうひ》の心を起さざれば、則《すなわ》ち未《いま》だ五十に至らずして、乃《すなわ》ち天命を知るなり。而《しこう》して其の心を動かせて以て趨避《すうひ》する者は、則ち百歳の老人と雖《いえど》も、実に夢のごとく生きたるのみ。此等《これら》は命《めい》を之《こ》れ知ると知らざると、固《もと》より論ずること無し。是《こ》の故に人は以て早く天命を知らざるべからざるなり。
（『洗心洞劄記』）

〔解説〕個人にとって重大な岐路に立たされた時、その利害や生死を恐れることなく立ち向かう心を持った人は、たとえ五十歳に至らなくても、天が与えた使命をよく自覚した人と云えよう。しかし心に情動が忍び込んで良知を曇らせ、事を避けるような人は、たとえ百歳の老人であっても其の人は夢のように人生を送るだけである。

天の命ずる職務を自覚するか否かは今さら論ずるまでもない。人が此の世に生を受けた限りは、天命を自覚することが何よりも大切なことである。平八郎は天命に従ったのである。

【意《い》必《ひっ》固《こ》我《が》】 34 61

心に意《い》必《ひっ》固《こ》我《が》有れば、則ち虚に非ず。虚に非ずして四書五経を見れば、則ち一も行ふべからざるものなり。心に意必固我無ければ則ち虚に帰す。虚に帰して見れば、則ち一も行ふべきものなり。是《こ》の故に心は虚を貴ぶなり。
（『洗心洞劄記』）

〔解説〕心が個人の利害だけにとらわれたり、自分だけの考えに固執するようなことになると、心は公正無私な場所にはならない。心が虚＝公正無私でないのに四書五経をいくら学んでも、民を慈しむことは僅かなことでも実現できない。

心に意必固我がなければ、心は必ず虚＝公正無私をとり戻し、仁政を目指すことが出来る。それ故、為政者たるものは常に公正無私を心がけなければならない。

（参考）【理気一元論《りきいちげんろん》】

先天は理のみ、而して気其の中に在り。後天は気のみ、而して理其《しこう》の中に在り。要するに理は気と一にして二、二にして一なるものなり。（『洗心洞箚記』）

〔解説〕森羅万象をつつむ宇宙の本体は理である。そして理の現われとしての気はその中にある。森羅万象は気によって形づくられる。もちろん気は理によってその姿を異にする。これから見ても理と気は一体にして現われ方を異にし、本質と現象に分かれながらも一体のものである。

（参考）【本末《ほんまつ》】

また按ずるに、物に本末あるの物は、便《すなわ》ち修身を以て本と為す。修身の本は、また誠意を以て本と為す。誠意は只《た》だ是れ明徳なり。明徳只だ是れ良知《りょうち》なり。良知は便ち我れ人とともに同じの物。何を以て同じなりや。試みに看《み》ん我れ一人の身は、便ち宇宙億兆の身。而《しこう》して宇宙億兆の身は、便ち我れ一人の身なり。家と曰ひ、国と曰ひ、天下と曰ふ、是れ皆《み》な父子君臣夫婦長幼朋友五者の身は徳にあずかるを指して言ふ。（中略）良知も我独り有るに非ず、彼も亦《ま》た皆な之有り。彼の身を以て、反《かえ》つて我の身を顧《かえりみ》ん。則ち良知は彼独りに有るに非ず、我に亦たこれ有り。然《しか》らば則ち彼の身は我の身とともにす。我の明徳は彼の明徳とともにす。果たして一物か、抑《そもそも》二物か、之れ黙して識るは則ち彰彰《しょうしょう》。故に仁者は其の明徳を蔽《おお》はざらしめんと欲す。則ち先づ我の明徳を明らかにし而して之に親しまざるべからず。故に明徳を以て本と為し、民を以て末と為す。身心意知物を以て本と為し、家国天下を以て末と為す。本末有ると雖《いえど》も、原《もと》は一物なり。如《も》し形体のみを以てすれば、則ち万殊にして、何を以て一物と為す。然らば則ち物の字を特に形躰を指して言ふに非ず。要は明徳を指すなり。民と雖も亦たその明徳を指すなり。明徳は天下の公物。宜《よろ》しき哉彼此二物に非ず。然るに本末有り。故に工夫に終始あり。是《ここ》を以てその序亦た自づから紊《みだ》す可《べか》らざるなり。

（『古本大学刮目』）

〔解説〕　また考えてみると、物事をなすときの順序は、先ず自分の身を修める事で、身を修めるためには心の誠意が問われ、誠実であるためには明徳の人でなければならない。そしてこの明徳こそが良知そのものである。しかもこの良知は他者にも備わっているところから、明徳もすべての人間が備えねばならない人間の大切な道徳である。

　それ故、為政の掌に当たる仁者は心の明徳が曇る事のないように、常に良知を磨かねばならないのである。だからこそ為政者にとって明徳は一番根本の徳で、民を新たにするなど民をあれこれ教育することなどは最後の仕事である。

同じように為政者にとって修身誠意・格物致知が基本で、治国平天下《ちこくへいてんか》などの政治的行為は正心誠意の心が確立されないと達成されない、つまり心が基本で行為は末と云うことである。しかし本末があると云ってもそれは決して二つに分かれているのではない。物事の外観は多様であってもそれをつかさどる心は明徳ただ一つである。しかし本末がある所からその実施には工夫が必要であり、その順序を踏み外しては明徳も実現されない。おおよそ大塩はこのように考えていた。

〔参考〕【四言教《しごんきょう》】

後素按ずるに、王子の四言教は、簡易にして明白、誹議《ひぎ》すべきなし。只《た》だ竜谿子《りゅうけいし》の四無の説起こるを以て還《めぐ》らん。世儒《せいじゅ》併せて「善なく悪なきは是れ心の躰」の言を罪す。是れ何ぞ罪すべきや。実に加ふべからざるの格言なり。夫《そ》れ心の躰は天なり。天は太虚なり。太虚之に名づくべき善なし、何ぞ悪あるを得ん。然《しか》るに陰陽有るの後、太虚のなかに既に淑慝《しゅくとく》善悪あり、而《しこう》して奚《なん》ぞ太虚を咎むべきや。心躰固《もと》より此《かく》の如し。其の善悪は、陰陽の変。而して意の動く。

（『古本大学刮目』）

〔解説〕　私が考えるのに、王陽明先生は『四言教』において「善なく悪なきは是れ心の躰。善あり悪あるは、是れ意の動く。善を知り悪を知るは、是れ良知。善を為し悪を去るは、是れ格物」と述べられたように、人間の心の本体には善も悪もない、そこは公正無私な太虚そのものであるといわれた。それは簡潔で分かりやすい人間の心の在り方を述べられたものであった。それは無暗に批難すべき言説ではない。

ところが門人の王竜谿はその四無説で陽明先生の考えをさらに拡大解釈したところから、それに追随するものから陽明先生の四言教が誤解され批判されるようになった。

それにしても王陽明先生のこの格言に手を加える必要はどこにもない。なんと言っても心の躰は天であり、天は太虚そのもので、そこには善も悪もない公正無私の世界である。

しかし太虚に陰陽の気が策動すると善悪が生じるが、それは太虚の所為《せい》ではない。すべては情意の作用でもたらされるものである。大塩は王陽明『四言教』の趣旨を正しく継承した点でも、海外における同党異伐の弊を排除した陽明門下であった。

4 道徳観

【慎独《しんどく》】 32 76

後素按ずるに、毛氏引く所の范氏の説、則《すなわ》ち慎独二字は学庸《がくよう》（大学と中庸のこと）を貫通するの義を論ずるなり。愚謂《ぐい》ふ、大学は心意を曰ひ、中庸は性道を曰ふ。（中略）而して大学の実功《しこう》は誠意に在り、誠意の手の下す処は、只《ただ》是れ慎独。中庸の実功、亦《また》誠身に在り。誠身の手の下す処、亦只是れ慎独。独の一字は心性を統《す》べる者、而して心性は独の力に非ず、或は外に奔放《ほんぽう》し、或は内に衰渇《すいかつ》す。外に奔放するは、心の謂ひなり。内に衰渇するは、性の謂ひなり。心は已《すで》に奔放し、性は已に衰渇す。則ち、人として夷禽《いきん》に陥らん。故に常に独を以て之を宰《ただ》さん。則ち心性は皆その道を失はざるなり。然《しか》り則ち独は人脈なり。天命なり。所謂《いわゆる》良知なり。嗚呼《ああ》、良知を致すは、則ち大学中庸皆その中に在らんや。大学中庸皆その中に在り。則ち聖経賢伝亦皆その中に在らん。易簡《いかん》にして広大。天徳五道に達する者に非ざれば、その孰《いず》れも能《よ》く之と与《とも》にせん。宜《むべ》なるかな間居小人これ独を知らずして之を欺く。故に君子之を慎まん。

（『古本大学刮目』）

〔解説〕　平八郎が推察するのに毛西河先生が援用された范允大の「大学の誠意、中庸の誠身、誠意は慎独に在り、誠身また慎独にあり」の言説は、大学では心意を云ひ、中庸では性道を云うが、凡ての聖人が認める真理である。慎独の二字は大学・中庸を貫く精神で、意を誠にしたり身を誠にするためには人は独り慎む、言葉を変えていえば自らの心を公正無私にする努力が欠かせない。

　ところが心は外に向かうと奔放になり、性は内に向かうと消滅して人間性を失ってしまう。そこで人は独り慎むことで、人としての心性をとり戻さなければならない。このように慎みは人にのみ伝わる道徳であり、それは天命でもある。当然それは良知を生み出すものであって、良知をもたらすことは大学・中庸の教えであり、儒教精神そのものである。慎みは誰でもが取り組める簡易な方法であるが、そのめざす内容は広大なもので、天の徳に通ずる儒教精神の持ち主でない限り、独り慎むことは難しいことなのだ。間居する小人では慎むどころか相手を欺いてしまう。だからこそ君子は慎みを忘れてはならないのだ。大塩は正心誠意の人になるために此の慎みを重要視した。

【至徳要道《しとくようどう》】 23 54

仲尼《ちゅうに》居す、曽子《そうし》侍す、子曰く、先王に至徳要道あり。以て天下順《したが》ふ、民用ひて和睦し、上下怨みなし、女《なんじ》之を知るか。

（中略）

黄道周《こうどうしゅう》曰く、天下の順ふはその心に順《したが》ふのみ。天下の心順ふは、則ち天下皆順はん。心に因つて教へを立つる、之を徳と謂《い》ふ。其の本《もと》を得て、則ち至徳と曰ふ。心に因つて治を成す、則ち道と曰ふ。其の本を得て、則ち要道と曰ふ。道徳の本は、皆天に生じ、天の命じる所に因る。

（中略）

後素謹んで按《あん》ずるに、至徳要道は二有るに非ず、皆其の本を指す。本は亦《ま》た天に生ず。天に生ずる者は、学ばず慮《おもんばか》らずの良知良能に非ずして何ぞや。而《しこう》して良知を致さば、則ち良能その中に在り。朱氏黄氏の説を、未《いま》だ之を説破せざると雖《いえど》も、然《しか》り隠然と言表《げんおもて》に顕れん。

〔解説〕　孔子が弟子の曽子に「先王には世の中の人々がみな従って睦みあった至徳要道の教えがあったが、お前はそれを知っているか」と尋ねられた。

この孔子の言葉に対して黄道周の加えた注釈は「世の中の人々が従うのは為政者の心に感じて従うのである。為政者の公正無私の心が天下の人々を従わせるのである。心に由って立てられた教えが徳であり、その徳を究めることを至徳という。また心に由って政治を行うことが道であり、その根本を究めることを要道という。道徳の根本はみな公正無私の天から生じるように、どれもみな天がくだす命令である。（後略）」と述べられていた。

これに対して更に大塩が謹んで述べるには、「至徳と要道は対概念として一体のもので、どちらも徳の根本を指している。徳の根本はまた天から生じたもので、天に生じたものは人に生まれながら備わる、学ばず慮らざるの良知や良能でなくてなんであろうか。良知を致せば良能はそのなかに立ち顕《あら》われるものである。朱鴻や黄道周先生の説はまだ誰にも説破されていないように、言葉の重みが感じられる」と評していた。大塩にとって孝とは至徳要道の最高道徳で仁に優る価値を備えた徳であった。

（『増補孝経彙註』）

【孝経観《こうきょうかん》】（孝経） 21 23 54

孝経に古今文《こきんぶん》の異あり。古文を主とする者は、則ち今文を非とし、今文を主とする者は、則ち古文を非とす。論弁は紛れ乱れ一《いっ》に帰す能はず。然《しか》ればその章第を去り以て之を読むに、只《た》だ一字二字の増減に過ぎず、古文に閨門《けいもん》一章の多く有るに与《あずか》るのみ。その他の経旨はなんぞ嘗《かつ》て異有らんや。宋の黄慈渓《こうじけい》など諸儒に、亦《ま》た既にこの論あり。而《しこう》して孔子の原本に固《も》と章第なし。余故に常に章第を去り、一貫を以て説き下し之註書を獲《え》んこと要《もと》むに、既にこれ久し。然るに古今の註家は、大抵文字を訓釈し、義理を解き説《しる》すのみ。而して支離は経を蝕《むしば》むを免れざる也。乃《すなわ》ち至徳要道の義に与《くみ》してあひ反《そ》むかん。亦《ま》た之を憂ふことこれ久し。曽《かつ》て明《みん》の江元祚《こうげんそ》刻する所の『今文孝経彙註』を得、以て之を閲《けみ》するに、是れ乃ち章第なし。その彙註《いちゅう》と云ふは、輯子《しゅうし》の漸《せん》の朱鴻《しゅこう》氏・初陽の孫本《そんぽん》氏・澹然《たんぜん》の虞淳熙《ぐじゅんき》氏三子の註書を删《さん》するものなり。熟読玩味、数日にして業を卒《お》へ、乃ち巻を掩《おお》ひて嘆じて曰く、孝を以て万善を貫く、良知を以て孝を貫く、太虚を以て良知を統《す》べる、而して天地聖人の易簡の道、是《ここ》に於いて偶《たま》ま之を獲《え》ん。

（『増補孝経彙註』叙）

〔解説〕『孝経』には古文と今文の二種があり、その典籍の出所の違いからそれぞれを支持する学者間で、その正統性が争われてきた。孔子の家から出た今文には閨門章がないが、今文と古文の相違はごく僅かなものでしかなかった。それ故、大塩は章第を取り去って一貫性ある文章として読み解いた。ところが古今の学者は表に現われた文字を考証するだけで、その意味の追求を疎《おろそ》かにした。『孝経』全体を一貫する論理で解明するのではないので、『孝経』の主旨を見失ってしまった。そこで大塩は孝の至徳要道であることに着目し、これまでの孝経観の誤りを正そうと考えた。

大塩が『孝経』について思い悩んでいた時、中国明代の学者・江元祚の『今文孝経彙註』に出会った。それによると章第はなく、その彙註には編輯に携わった漸の朱鴻、初陽の孫本、澹然の虞淳熙ら三先生の手になる註釈本で、孝徳を以てすべての道徳が貫かれ、その孝は良知に支えられ、その良知は太虚によって統べられ、それは天地の聖人が行う最も簡易な道であることを示唆する著作であった。大塩思想の原点にある『孝経』観はこの『増補孝経彙註』において確立されたのである。

【明明徳《めいめいとく》】（明徳）73

「大学の道は明徳を明らかにするに在り。民に親しむに在り。至善に止まるに在り。」王子曰く、虚霊不昧《きょれいふまい》、衆理具《しゅうりそな》はりて万事に出づ。心外に理なく心外に事なし。

（中略）

後素按ずるに　陽明王子の言、明徳の大は心の外ならざるを説く。而して一篇の義は此に尽《しこう》さん。且つその本は固《もと》より朱子の説より来たる。而して朱註は則ち、「虚霊不昧、衆理具はりて万事に応ず」と云ふ。未《いま》だ後世、理は事と岐《わか》れて二と為すの弊を開くを免れざるなり。王子の説と合せざるが似《ごと》し。孟子曰く「舜は庶物を明らかにするに、人倫を察し、仁義に由《よ》り行ふ」と。仁義を行ふに非ざるなり。夫れ仁義は、理なり、事なり。仁義に由りて行ふは、則ち心理の事を行ふに非はなきなり。理は事と一なり。此れ豈《あ》に但《た》だ舜のみならん。古の聖人皆是なり。

（『古本大学剳目』）

〔解説〕 これは『大学』冒頭におかれた三綱領と称せられる、『大学』の機軸精神を述べたものである。『大学』を学び為政者を目指すものは、天から与えられた立派な人としての性を自覚し、進んで民と親しむことで民の心を知り、公正無私の心を維持することが示されていた。

これに対して王陽明は「大学の精神である明徳は、霊妙で何事も能《よ》くわきまえている心の在り方を述べたもので、すべての道理が備わりそこから凡ての物事に応《こた》えが与えられる。それは道理が心の外にはなく、心の外に物事があるのではないからである」と、註釈した。

そしてさらに大塩も「王陽明先生の言説は、明徳の偉大さと雖も心外の事ではなく、心の中に生み出されたものである。このような考えは本を質《ただ》せば朱子の説から出たものであるが、朱子後学の間に理と事を二つに分ける弊害が生じたので王陽明の説と対立するようになった。

孟子も言われるように「舜王は物事を明らかにするのに、人としての守るべき道を察し、道理にもとづいて政治を行った」。それは心の道理に従って物事をなすことである。道理と物事は一つである。このような明徳を求める為政者の在り方は舜だけではなく、古の聖人は皆このような明徳の人であった。

71

【親民《しんみん》】

（後素）また按ずるに、明の字、親の字、止の字、皆自責の功なり。如《しか》して親字を改め新字に作るは、則《すなわ》ち自責ならず、而《しこう》して之を人に責む。之を人に責むれば、則ち大学の本旨に非ざるなり。而して新は彼に属し、彼に属するものは聖人と雖《いえど》も之を如何《いかん》ともするなし。

（中略）

王子曰く、格物致知より平天下に至る、只《ただ》是一箇の明明徳。親民と雖も亦《ま》た明明徳の事なり。明徳是れこの心の徳。即ち是れ仁、仁は天地万物を以て一体と為し、一物も失ふ所有らしめん。便《すなわ》ち是れ吾が仁、未だ尽きざる処有らん。

後素按ずるに、王子の此の説、亦た重り還《めぐ》りて明明徳の上に在るを言ふ。而して仁の一字を提出す。乃《すなわ》ち学庸（大学と中庸のこと）、語孟（論語と孟子のこと）は同じ帰する処の点を指す。因みに考ふ。其の格物致知より平天下に至るは只《た》だ一箇の明明徳を言ふ。然《しか》り則ち、親民は既に其の中に該括す。而して又云ふ、親民と雖も亦た明明徳の事なり。此の一句は贅疣《ぜいゆう》（余計なもの）の如しと雖も、只だ人に親民の親は他に非ず、吾が心の仁、民と和洽《わこう》し、中国一人、物我同体、広大無外の義を知らしむるなり。

（『古本大学刮目』）

〔解説〕　また私平八郎が考えてみるに、明、親、止の字の意義は、どれもみな主体的な行為に関係する心の働きである。にも拘らず朱子のように「親」を「新」に改変するのは、自分の責任を他者に転嫁するもので『大学』三綱領の趣旨に反する解釈である。これでは聖人の教えもお手上げになる。

（中略）

王陽明先生も格物致知から平天下に至る三綱領七綱目は、みな明明徳に貫かれているもので、親民と云えども明明徳のこと、それは心の徳である。それはまた仁そのものであり、仁は天地万物を一体のものとして包み込み、一物たりとも失うことがないようにするもので、これこそ我々が伝えなければならない仁の心であると註釈された。この陽明の註釈に対して更に大塩の按語《あんご》が加えられた。

私が考えるのに、明明徳についての陽明先生の解釈は親民・止至善とその意義を均《ひと》しくし、三綱領は互いに重なり還《めぐ》る関係にあることを示唆された。そして今ひとつは明明徳が仁そのものであることも明らかにされたことだ。それは『論語』と『孟子』、『大学』と『中庸《ちゅうよう》』も帰する所は同じ一点を指しているのだ。

因みに格物致知より平天下に至る七綱目―格物致知・誠意・正心・修身・斉家・治国・平天下は、明明徳について述べられた表象である。当然、親民もその中に含まれている。少しくどいが親民の「親」は為政者の心の中にある仁が問われているのである。それ故、民と和合して国中が一つになり、物と我の関係も格差のない一体の存在として、何処までも広がることを教えられているのである。大塩は陽明の言葉をこのように理解した。

【私欲《しよく》の蔽《へい》】（私欲）19 32

苟《いやしくも》も私欲の蔽《へい》なければ、則ち小人《しょうじん》の心と雖《いえど》も、而《すなわ》ちその一体の仁は、猶《な》ほ大人《たいじん》の如きなり。一に私欲の蔽有らば、則ち大人の心と雖も、而ち其《そ》れ分隔隘陋《ぶんかくあいろう》猶ほ小人の如し。故に大人の学を為す者は、亦惟《またただ》その私欲の蔽を去り、以て自《み》づからその明徳を明らかにし、その天地万物一体の本然に復するのみ。
（『古本大学刮目』）

〔解説〕　人は私欲にとらわれなかったら、たとえ小人と称せられる普通の人でも、その心は天地万物一体の仁と云われる他者に対する慈しみの心、即ち仁の心の持ち主になれる。そうなれば大人と称せられる為政の掌《しょう》に当たる人と変わらない心の持ち主となる。逆に大人と称せられながらも何事にも私欲にとらわれるものは、人を分けへだてする狭い心の持ち主で、その心は身分の卑しい人間の考えとかわらない。だから大人の学を目指すものは、自ら私欲の蔽を取り去り、自ら在るべき明徳即ち良知に立ち返って、天地の万物が仁によって貫かれている人間性に目覚めることが大切である。大塩は為政の掌《しょう》にある者にこそ私欲を戒める厳しいエトスを求めたのである。

【仁《じん》】 28 45 58 78

嗚呼《ああ》、孔孟の学は、一に仁を求むるに在り、而《しこう》して仁は則ち遽《にわか》に手を下し難し。故に或はその訓詁《くんこ》註疏《ちゅうそ》を読み、而してその影響を求め、或はその居敬窮理の工夫に因《よ》り、以てその精微を探り、その底蘊《ていうん》を窮ひ、或は良知を致し、以てその易簡《いかん》の要を握る、而して畢竟《ひっきょう》各《おのおの》の皆《み》な孔孟の学に帰するやのみ。

（『儒門空虚聚語』付録『洗心洞学名学則』）

〔解説〕儒教精神としての孔孟学は仁の心を追求することである。口で言えば簡単であるが実際はなかなか仁に到達することは難しい。それ故、人は仁に関する訓詁註釈から学んで身に体得したり、また朱子のように相対する人に尊敬の念を表わしたり、道理を究める工夫によって仁の細やかな実相を探り、仁の仁たる所以に行き着いたり、また陽明学的方法としてある良知を体得することで、だれにも開かれた持って生まれた孝の至徳要道を自覚するなど、一口で言えばみな孔孟学の原点に帰することが仁への道である。

【修身《しゅうしん》】 32 47 70

愚謂《い》ふ、天子諸侯及び卿大夫、各《おのおの》天下国家に責あり、庶人の如きは則ち身は家に有るのみならんや。然《しか》らば則ち大学は全く天子諸侯と卿大夫に属し、而《しこう》して庶人に係らざるが似《ごと》し。故に天下平《たいら》かの下に於て、天子より以て庶人に至るに、壱《いつ》に是れ皆《み》な修身を以て本と為すの語と緊接せん。以て上下貴賤共修身の外《ほか》学問無きを知らしめるなり。（中略）而して修身の二字他より提《たずさ》へ来《きた》るに非ず。前の両段（『大学』七条目を論じた段）に就き抽出する也。而《しか》るに前に明徳を以て本と為すを、此に修身を以て本と為すとは何ぞや。明徳は身に非ざれば伝はらず、身は明徳に非ざれば立たず。是の故に前に明徳を以て本と為し、明徳を明らかにするは、則ち何ぞ啻《ただ》に身を修めん。天下平《たいら》かと雖《いえど》も亦《また》その中に在り。是れ聖賢分上の事。耳目四体を修めざれば、則ち明徳亦明らかならず。故に此の段に云ふ、「修身を以て本と為す」と。

（『古本大学刮目』）

〔解説〕　私が思うに、天子をはじめ諸侯・卿大夫《けいたいふ》など為政者には天下国家をおさめる責任がある。庶民の場合は家の事だけを考えていればよい。それでは『大学』は天子諸侯卿大夫だけの教えで、庶民には関係がないのかと云えば決してそうではない。世の中のよく治まった平和な時代においてこそ、天子から庶民に至る迄、だれもが修身を基本にした生活に深い関心を注がなければならない。だから身分の上下をこえて第一に学ぶことは修身の外にないことを知らねばならない。……

　しかも身を修めるということは各自人間の心外からもたらされるものではなく、先に述べた『大学』七条目のなかから導き出されたものである。ところが『大学』七条目では明徳を明かにすることが基本であると云われたのに、一体また修身を基本とするとはどういうことであるのか。それは明徳が個人の身体に付随するものではないので伝わらない。身体そのものが明徳ではないので明徳は立ち顕《あら》われない。それ故、明徳を基本とするとか明徳を明らかにすることで、自らの身体機能としての身に修めなければ明徳は生み出せないのである。

当然、世の中がよく治まるのも修身がもたらしたものである。とりわけ世の中の事に関わるのは聖賢としての身分の有る者である。このような為政者が個人の私欲に取りつかれたら、明徳もまた明らかにすることは出来ない。だからここで修身の意義について述べたのである。

大塩は大坂に天下りした官僚の姿から、天明・天保期の庶民にとって暮し難くなった世の中への政治的責任を追及していたのである。修身と云えばこれまでわが国では、為政者が国民を支配し易くするための手段としての徳目でしかなかった。しかし大塩によって明らかにされた孔孟学としての修身は、為政者が明徳を明らかにするための禁欲的エトスであった。

【誠意《せいい》正心《せいしん》】 70

後素按ずるに（中略）竊《ひそか》に謂ふ、人君に人あり、土あり、財あり、用あり、而《しか》るに誠意の学なし。則ち必ず驕泰《きょうたい》に流れん、而《しこう》して聚斂《しゅうれん》に堕す。故《ゆえ》に誠意を以て用財の道を講ぜざるべからざるなり。漢の武帝・唐の玄宗・徳宗、各《おのおの》の衆を出づるの才あると雖《いえど》も、而して誠意は則ち闕如《けつじょ》す。故《もと》武帝百家を罷黜《はいちゅつ》し、六経を表章するは美事と雖も、然《しか》り用財の道を知らず。故に算は舟車に及び、権《かく》を塩鉄に及ぼし、以て淫侈《いんし》の費に資せん。玄宗内難を平定し、賢相に委任するは雄略と雖も、然り用財の道を知らず。括田騒擾《かつでんそうじょう》し、六使掊克《ほうこく》す、亦《ま》た以て淫侈の費に資せん。徳宗初め位に即き、象貀を放ち宮人を出だすは善政と雖も、然り用財の道を知らず。大盈瓊林《だいえいけいりん》の間、架除陌《かじょはく》之貪《のどん》、其の聚斂到らざる所なし。是れ皆《み》な大学の誠意用財の道を知らざるを以てなり。乃《すなわ》ち是れ極みに至るなり。而して民の怨み下に起り、而して国危ふし。是《こ》の故に、仁者の財を以て身を発《あら》はすの見、英武の人の能《よ》く及ぶ所に非ざるなり。故に王子曰く、能く徳を明らかにするは、則ち能く民に親しみ、民に親しむの工夫は、誠意に非ざるべからず。

（『古本大学刮目』）

〔解説〕　平八郎が考えるのに、（中略）あまり大声では云えないが、人徳のある君主には側近に人材があり、土地もあり、国家財もあり、その用途への期待も大きい。しかし『大学』が教える誠意の学に欠如しているために、君主が私に溺れて庶民に酷税を求めたりしたので、誠意を以て庶民のために国の財政を用いることを忘れてしまった。因みに中国の歴史に於いても漢の武帝をはじめ唐の玄宗帝・徳宗帝らは、それぞれ一方では功績をあげながらも、他方では大きな失政により国家財政の運用を誤まった。これはみな『大学』で教える誠意を以て国家財政を扱う政治の在り方を見失ったからである。それが行きづまると当然、民の怨嗟《えんさ》となり、国を滅ぼしかねない。それ故、徳を積んだ仁者は国財を庶民のために使うことで、自らの職責を果たして仁政を行うものである。それは英雄的武人の為せるものではない。それ故、王陽明もよく徳を明らかにする者は、常日頃、よく民と親しみ、民と親しむための工夫は、誠意以外にはないと言い切った。

5 為政観

【国家の財】（国家財政）77 84

後素案ずるに、（中略）蘇氏云ふ所の「民間の材生ずるは、夫《そ》れ民間に財生じ、則《すなわ》ち国家の財生ず」、国其の中に在り、故に有子曰く、「百姓足る、君孰《いず》れと与《とも》に足らざるや」と、此れ之を謂《い》ふ也。而《しこう》して後世只《た》だ国家の財の富むを以て事と為す、故に先儒曰く、「後世財を聚《あつ》むるに、両件を過《あやま》たず、一は則ち横征暴歛《おうせいぼうかん》し、以て斯民《しみん》の命を剥ぐ、一は則ち巧取陰奪《こうしゅいんだつ》し、以て天地の和を傷つけん、此れ皆《み》な謂ふ所の私智小術なり、之れ均《み》な大道に非ず」と、愚豈《ぐあ》に此《ここ》に之れ均《み》な大道に非ずと云はん哉、直《ただち》に之れ暴と謂ふ、

（『古本大学刮目』）

〔解説〕平八郎が思うに、（中略）蘇紫溪の云うように庶民が財を生むことはそれは国家の財を生むことと同じである。国家と云えども庶民からの租税で成り立っているのである。だから孔子の弟子は「庶民が満足しているとき、あなた様は誰と一緒に足りないのですか」と君主に云ったのは、まさにそのような状況を指している。

ところが後世になると国家に富が集まることを目的とした。それ故、先学が指摘するように、財を集める意義は国家中心か、それとも庶民本位なのかを能くわきまえなければならない。もし権力が庶民から一方的に租税を取り立てて苦しめたり、巧みに理由をつけて財を集め天地の調和を破ったりするやり方は為政者の浅知恵で、これでは天下の大道にはならない。私、平八郎はこれはどれも天下を治める道ではないと云いたい。いやまさに政治権力による暴力と云いたい。『古本大学刮目』はまさに幕府体制批判の書であったことがわかる。

【『大学』】　5 32 35 47 57 69 84 87

> 大学の首章、明《めい》の字、親《しん》の字、止《し》の字は、皆自《みずか》ら責むるの功なり。如《も》し親の字を改めて新の字と作《な》さば、則ち自《みずか》ら責めずして、之を人に責むるなり。之を人に責むるは、則ち大学の本旨に非ざるなり。而《しこう》して新は彼に属す。彼に属する者は、聖人と雖《いえど》も之を如何《いかん》ともする無し。
>
> （『洗心洞箚記』）

〔解説〕『大学』冒頭に述べられた三綱領の「明」「親」「止」の字は、いずれも為政者が自らの心に問い、その道徳的責務を果たすべき行為の在り方をしめすものである。かりに「親」の字を「新」に変えると、それは自責の念を放棄して他者を責める手段になる。自らの明徳を明らかにするのを他者の責任にするようでは『大学』に書かれた精神に反することになる。考えてみてもわかるように「新」では他者を新たにする意であるところから、その道徳的責任は他者に属することになる。これでは聖人と雖もその改革のために、なかなか前には進めない。大塩は朱子の『大学』解釈を批判して『古本大学』の正当性を主張したのである。

【公正無私《こうせいむし》】（周官）11 17 30 52 61 91 96

此肴《さかな》を播摩屋利八と申《もうす》ものより、此方留守中持参さし置き帰り候、不埒《ふらち》之事に候へ共《ども》、不レ弁《わきまえざる》故之儀と被レ推《すいせられ》候間《あいだ》、丁内《ちょうない》へさし戻し遣はし候、今後心得違《ちがい》無レ之《これなき》様申し渡し置き可レ申《もうすべし》、此度は内分にて右様取計《とりはからい》遣はし候事、

大塩平八郎

御池通四丁目年寄へ

（大塩書簡）

〔解説〕此の魚は播摩屋利八というものが、私の留守中に持参して置いて帰りました。裁判関係者のこのような行為は、お上の裁判の公正さを疑わしめる行為で、許せないことであるが、そのような事情を知らないものの行為と判断して、町内の町年寄りまで返却した。今後、付届けすれば裁判が有利になるなどと心得違いしないよう申し渡し、此の度の件はないことにして処置した。

大塩は周代の裁判制度の公正さに信をおき、自らもそれを実践した。しかし大坂における裁判はけっこう賄賂が横行していた。大塩が西町奉行所与力弓削《ゆげ》新右衛門を告発したのもそのためであっ

た。

【政道批判《せいどうひはん》】（檄文）36 81 101

四海こんきういたし候ハバ、天禄ながくたゝん。小人に国家をおさめしめば災害並《ならびいたる》至と、昔の聖人深く天下後世の人の君、人の臣たる者を御誡《おんいましめ》被レ置《おかれ》候ゆへ、東照神君にも鰥寡《かんか》孤独《こどく》におひて尤《もっとも》あわれみを加ふべくハ、是仁政之基と被仰置《おおせおかれ》候。然るに茲《ここ》二百四五十年、太平の間に追々《おいおい》上たる人驕奢《きょうしゃ》とておごりを極め、大切の政事に携《たずさわり》候諸役人ども、賄賂《わいろ》を公に授受とて贈貰《おくりもらい》いたし、奥向女中の因縁《いんねん》を以て、道徳仁義をもなき拙《つたな》き身分にて、立身重き役に経上《へあが》り、一人一家を肥《こや》し候工夫而已《のみ》に智術を運《めぐら》し、其領分知行所の民百姓共へ過分の用金申付、是迄年貢諸役の甚しき苦む上に、右之通《とおり》無躰の儀を申渡、追々入用かさみ候ゆへ四海の困窮と相成《あいなり》候に付、人々上を怨《うらま》さるものなき様に成行《なりゆき》候得ども、江戸表より諸国一同、右之風儀に落入、天子は足利家已来《いらい》、別而《わけて》御隠居同様、賞罰の柄《へい》を御失ひに付、下民の怨、何方へ告愬《こくさく》とてつげ訴ふる方なき様乱候ニ付、人々の怨気《えんき》天に通じ、年々地震、火災、山も崩水も溢るより外、色々様々の天災流行、終《つい》に五穀飢饉に相成り候。是皆天より深く御誡《いましめ》の有りがたき御告に候へども、一向上たる人々心も付《つか》ず。猶《なお》小人奸者《かんじゃ》の輩《やから》、大切の政を執行《とりおこな》ひ、只下を悩まし、金米を取たてる手段斗《ばかり》に打懸り、実以小前百姓共のなんぎを、吾等如きもの草の蔭より常々察し悲《かなしみ》候得ども、湯王《とうおう》武王《ぶおう》の勢位なく、孔子孟子の道徳もなければ、徒《いたずら》ニ蟄居《ちっきょ》いたし候処、此節米価彌《いよいよ》高直《たかね》に相成り、大坂之奉行並諸役人とも万物一体の仁を忘れ、得手勝手の政道をいたし、江戸へ廻米をいたし……。

（『檄文』）

〔解説〕　世の中の人々が困窮するようになると天が与えた為政者の地位は失われる。徳を積んでいない人物に政治を任せると、災害が次々と発生するものだと昔の聖人が云われた。それ故、家康公は老いてよるべのない孤独者に対して救済をはかられ、仁政の基本にされた。

それから太平の世が二百四五十年続いたが、その間、次第に将軍のなかに驕りを極める者が生じ、政治を与《あず》かる官僚層をはじめとする役人の間で賄賂が公然と行われ、将軍に仕える大奥の女中に取り入り、政治道徳をわきまえない連中が取り立てられ、個人の栄達のみを計り、その治める領地の百姓に重い租税を課し、年貢諸役以外に御用金と称して取り立てた。このように庶民からの度《たび》重なる租税の徴収が国中の困窮を生み出し、当然、庶民の為政者に対する非難の声が江戸を始め日本国中にたかまった。

ところがわが国では将軍職を任命してきた天子は、足利尊氏以来、隠居同然に将軍職任免の権柄を失い、下々の訴えを受け入れる公の代表ではなくなった。にも拘らずそれに代わるべき幕府もまた庶民の声を聞く耳がないところから、人々の怨みは天に通じ、それが打ち続く諸災害となって現われ、遂に五穀の飢饉という最悪の事態に至った。

このような天の告げる為政者への誡めも、今の幕閣上層部にはもはや届かず、依然として先に述べたように小人に政治が任され、小前百姓をはじめとする農民に大きな生活難をもたらしている。吾等のように農民と接して暮らす地方にいる者には、この事態がよく理解でき悲しんでいる。しかし吾等には古代中国の湯王武王のように人々を仁政に導く権威もなく、孔子や孟子のような聖人の徳もないので、この事態をじっと自責の念で眺めてきた。

地域の困窮をよそに江戸への廻米に奔走する奉行跡部《あとべ》山城守の無策に対して、大塩が乱をおこすに至った心境がよくわかる文章である。大塩は幕藩体制の改革を求めていたのである。

〔参考〕【悪を除く】

「一利を興《おこ》すは一害を除くに如《し》かず、一事を生ずるは一事を省《はぶ》くに如かず」と。而《しこう》して耶律《やりつ》文正の言は、何《いず》くより出でしぞ。牧馬の童子も亦《ま》た其の馬を害する者を去るのみの答より来る。（中略）嗚呼《ああ》、政の道は、実に其の害する者を去るに尽く。故に鄭声《ていせい》を放ち佞人《ねいじん》を遠ざくるは、亦た只《た》だ人心を害する者を去るのみ。漢唐の中主《ちゅうしゅ》に至つては、茫乎《ぼうこ》として斯《こ》の義に暗し。

（『洗心洞箚記』）

〔解説〕「一つの新規事業を起こすことは一つの評判の悪い政治を廃止するのに較べると、政治改革としては及ばない」。これは元代初期の宰相・耶律文正が牧童に対して馬に害を加える者がいる場合にどうするかと尋ねた時、その害を除くには害する者を去らしめることだと云ったことによる。（中略）実に政治の道に於いても、被害をもたらす者を去らしめることに尽きる。それ故、人を誘惑する淫らな音楽で君主に媚びへつらう者を遠ざけると云うことは、要するに人心を乱す者を去らせることにある。

ところが漢代・唐代の中期の君主にはそのような認識がなく、政治の悪弊を取り除く決断に欠けていた。大塩にとって幕藩体制もその例外ではなく、将軍を取り囲む官僚層の腐敗を憂え、そのような悪徳官僚の更迭を求める心情がこの文章からも窺えよう。

〔参考〕**【権《けん》の行使《こうし》】**

聖賢の権を行ふや、仁義忠信の窮まるを済《すく》ふ。而《しこう》して仁義忠信、之を待ちて以て世に行《おこな》はば、則ち上下治まらん。奸悪《かんあく》の権を行ふや、己れを利し人を害するの私を為す。而して己れを利し人を害すること、之に因つて以て世に施さば、則ち風俗壊《やぶ》れん。夫《そ》れ権は一にして、而《しか》も善悪の相《あい》隔《へだ》たること乃《すなわ》ち此の如し。周公・王莽《おうもう》の事に於て見るべし。慎まざるべけんや。

（『洗心洞箚記』）

〔解説〕公正な道理をわきまえた聖人や賢者が臨機の処置をとることで、政治道徳の行きづまりを救うことが出来る。公正な道理に従って政治が行われると、世の中はうまく治まるものである。しかしよこしまな考えで臨機応変の処置がなされると、それを行った為政の掌《しょう》に当たる者に利益をもたらし、公益を損なって世の中から公正を失わせる。このような政治が行われると、世の中の穏やかな風俗が壊れてしまう。臨機応変の処置は同じであっても、それがなされる意図により大きく善悪に分かれてしまう。周を助けた周公旦と漢を簒奪《さんだつ》した王奔の例からも、権を任せることには慎重でなければならないのだ。

6 歴史に学ぶ

【三代《さんだい》の治《ち》】 67 77 92

嘗《かつ》て云ふ有り、唐虞《とうぐ》以上（伝説時代の堯舜《ぎょうしゅん》の時代）の治は後世復すべからざるなり。之を略して可なり。三代以下の治は、後世、法《のっと》るべからざる也。之を削りて可なり。惟《ただ》三代の治は行ふべし。然《しか》り而《しこう》して世の三代を論ずる者、その本を明らかにせず、而して徒《いたずら》にその末に事《したが》ふ。則ち亦《ま》た得べからずや。それ三代の治を行ふべしと曰ふは、則ち王子の志にして、周官《しゅうかん》在るを、断じて識るべし。周公、三王を兼て思ひ、夜を以て日に継ぎ、幸ひにして之を得て云ふ、則ち三代の礼《れい》楽刑政《がくけいせい》は、統括して皆《み》な周官に在り。故に其れを三代の治と曰ふ。則ち蓋《けだ》し周官を指す。また識るべし。それその本を明らかにせず、而して徒にその末に事ふ、則ち亦復すべからざる、則ち誠意慎独に本づかざれば、蘇令の綽《しゃく》の如し。猶《な》ほその民を皞皞《こうこう》（多くの恵みを与えること）せしむあたはざるが如し。而して纔《わずか》に驩虞《かんぐ》（喜び楽しむこと）の如きなり。況《いわん》や安石《あんせき》が富国の利心を以て之を行ひ、則ち大桀小桀《だいけつしょうけつ》に陥らざる者、幾希《きき》ならん。要はその本明らかならずして、而して徒《いたずら》にその末に事ふのみ。周官の罪人なり。嗚呼《ああ》、親賢楽利《しんけんらくり》を挙ぐ、則ち周官の余政なり、皆な推見すべし。

（『古本大学刮目』）

〔解説〕伝説時代の堯舜などが行った理想の政治は、今の時代には復帰することが出来ないので之を省略してもよい。また三代の時代以後の政治は、もはや手本にならないので削除してもよい、と昔から言われてきた。

それに対して殷夏《いんか》周《しゅう》の三代の治は今も実行されなければならない。しかし三代の治を論ずるものが、その政治の本質を極めることなく形ばかりを追い求めているので、本末が転倒してその目的が果たせない。王陽明も三代の治は行うべきであると力説した。

王陽明が目指したのは周官すなわち公正な司法制度であった。周の周公も殷周夏の三王から学んで周官の制度を築いた。このようにして三代の治は為政者の手本となった。三代の政治すなわち礼楽刑政は要するに周官によって支えられてきた。それ故三代の治はすなわち周官と呼ばれるようになった。

しかし形式ばかりに捉われ本末が転倒したら実を結ばない。周の役人の民と向き合う誠実さと役人自身の驕りのない慎が欠けると、昔の蘇の国の法令のように形式ばかりで実が伴わず、民に多くの恵みをもたらすことが出来なくなる。そして僅かの楽しみだけしか与えられない。まして王安石の国富政策では桀紂《けっちゅう》（夏《か》の桀王と殷《いん》の紂王）の悪政に陥る者は稀《まれ》ではない。

周官制度の民を思う心を失い、制度的な形式だけを受け継ぐから民心が離れてしまうのだ。それでは周官制度の罪人になってしまう。何といっても賢い為政者は民と親しむことで、民とともに楽しみ民と富を共有することが大切で、周官の影響をよく見極めることである。

【史伝《しでん》】76

春秋《しゅんじゅう》の経は、三代の典刑にして、善悪を黜陟《ちゅっちょく》するの縄尺《じょうしゃく》なり。左氏《さし》の伝は、上下の行迹《こうせき》にして、妖魔《ようま》を照燭《しょうしょく》するの業鏡《ごうきょう》なり。只《た》だ其の縄尺や、万世天下を治む、素王に非ずして何ぞ。只だ其の業鏡や、当時の邪正を公にす、素臣に非ずして何ぞ。且《か》つ如《も》し伝無くんば、則ち天子諸侯より士大夫に至るまで、邪心醜態、澌滅《しめつ》して聞ゆる無きに庶《ちか》し。然《しか》らば則ち妖魔各《おの》おの照《しょう》を逃げ、而《しこう》して来世の人も亦《ま》た懲《こ》るるを知らず。故に学者の誠心其の伝を読む者は、羞悪《しゅうお》の心を起さざるを得ず。然れども邪心俗慮を以て之を読まば、則ち已《すで》に反《かえ》つて妖魔に化せられ、而して業鏡は其の垢《こう》蝕《しょく》する処と為り、左氏の本旨を失ふこと益《ます》ます遠からん。

（『洗心洞箚記』）

〔解説〕　孔子の門人左丘明が書いたと云われる『春秋左史伝』は夏《か》殷周《いんしゅう》三代の昔からの掟で、歴史上の行いを善悪の立場から批評する物差しの役目を果たしている。『左史伝』は為政者やそれに仕える上下の人々の活動の跡で、よこしまな行いを照らす鏡のようなものである。只《ただ》その物差しはよく何代にもわたって世の中を修めるのに役立った。それはまるで王者ではないが聖王の輝きを見せ、その鏡のような役割は歴史の正邪を照らし出し、あたかも天子の命を受けた公正な素臣に匹敵する。もしこのような歴史書がなかったならば、天子・諸侯から彼らに仕える士大夫までが道を誤まり、邪心により醜態を現わしたに違いない。そして人を誤まらせる悪魔は歴史の教訓の光から逃れ、次の時代の人間もこりもせずに取りつかれたかもわからない。それ故、誠の心で学問するものは『春秋左史伝』を読めば羞悪の心（不善を恥じ、憎む心）を抱かざるを得ない。

　にもかかわらず、俗世間的な卑しい考えでこの歴史書に接すれば、歴史に潜む悪魔に取りつかれてしまう。そして人間の鏡になるはずの歴史が薄汚れて錆《さ》びついたものになり、『左史伝』を読む意義はまったく失われてしまうのである。大塩は歴史を人間の生き方を学ぶ鏡とし、歴史のなかで繰り出される仁に欠ける不義不誠実な人間性を批判した。

【聖人】　20 24 32 45 62 78 81 86 90 95

聖人は即ち言ふこと有るの太虚、太虚は即ち言はざるの聖人。

（『洗心洞劄記』）

〔解説〕 聖人を一口に云えば公正無私な太虚のような存在である。それに対して太虚は言葉には現わさないが聖人の公正無私を象徴する実体である。大塩はこのような太虚を象徴する聖人の再来を期待したが、ついに改革者は現われず自らその責任を感じて誠心を貫いた。なお大塩の聖人願望は時代を超え、近代においてはニーチェの超人論や三宅雪嶺《せつれい》などの英雄崇拝論、そして内村鑑三のキリスト再臨運動として受け継がれた。

【周孔《しゅうこう》】 19

羅予章《らよしょう》先生曰く「周孔の心は人をして道を明らかにせしむ。学者、能《よ》く道を明らかに果たさば、則ち周孔の心は深く自《おの》づと之を得ん。三代の人才は周孔の心を得て、道を明らかにする者多し。故に死生去就を視ること寒暑昼夜の移るが如くにして、忠義は之を行ふこと易《やす》し。漢唐に至り、経術古文を以て相尚《あいたっと》ぶも、而《しこう》して周孔の心を失へり。是《ここ》に於て道を明らかにする者寡《すく》なし。故に死生去就を視ること万鈞九鼎《ばんきんきゅうてい》の重きが如くにして、忠義は之を行ふこと難し。嗚呼《ああ》、学者の見る所は、漢唐より衰ふ」と。先生の謂《い》は所《ゆ》る周孔の心とは、即ち太虚なり。比屋《ひおく》弟子に及び、其の教に因《よ》りて亦《ま》た其の心を得《う》。故に其の死生去就を視ること彼の如し。漢唐已来《いらい》、名賢の外は、大抵己私《こし》心《こころ》を塞《ふさ》ぎて、心は虚を失へり。故に其の死生去就を視ること此の如し。此《か》くして経を治め文を為《つく》るも、聖賢より之を視れば、則ち何とか謂はん。必ず能く言ふこれを鸚鵡《おうむ》と為さんと。故に聖学は周孔の心を得るの外、別に力を尽くすもの無くして、周孔の心は即ち人とともに二無し。然《しか》れども吾も亦た己《こ》私《し》心を塞ぎ了《おわ》れり。先生の言を読みて、汗は背を湿《うる》ほし、赤らみ頬《ほお》に発す。嘗《こころ》みに同志に問はん、子等《きみら》は如何《いかん》と。

（『洗心洞劄記』）

〔解説〕　宋元学案の「議論要語」のなかで羅予章先生は「周公と孔子の考えは人間の歩むべき道を明らかにしたものである。これを学ぶ者はよく道を明らかにすれば周孔の心を体得することができよう。夏殷周《かいんしゅう》の三代の仁に勉める人物は周孔の考えを受けて、道を明らかにする人物が多かった。それ故、君主に対してもいうべき事は述べて忠勤に励み、自らの地位に捉われることはしなかった。

しかし漢唐の時代になると経典の研究は行われたが、周孔の民を愛する心は失われ、道を明らかにする者もわずかになった。当然、君主に対しても直言して忠勤を励むような気概ある者も乏しくなった。ああ、私の見る所では周孔の心は漢唐の時代から衰えてしまった。」と述べられた。先生の周孔の心と云うのは公正無私の太虚の心の事である。その教えは成人から年少者までその感化を受けた。それ故、君子への忠勤もごく自然に行われたのである。しかし漢唐の時代から著名な賢者以外は私心が優先して、為政において公正無私の心を失い、君主に対しても意見する気概を失った。これではいくら経典から学び文を作っても、聖賢から見ればお粗末な限りで、経典の口真似で事をすましているにしか過ぎない。

聖学は周孔の心を受け継ぐ以外はなにもない。その周孔の心は誰にでもある心である。それでも私の心にもまた自分に捉われる私心がある。羅予章先生の言葉を読み、恥ずかしさがこみあげて背中に汗が流れ顔が赤らむのを覚える。さて門人の皆さんはいかがですか。
大塩も私心の克服が如何に厳しいものであるかを承知していた一文である。

7 人間論

【自省《じせい》】32

題知ラズ
新衣《しんい》ヲ着《ちゃく》シ得テ新年ヲ祝ウ
羹餅《こうへい》味濃《あじこ》ク咽《のど》ニ下《くだ》リ易《やす》シ
忽《たちま》チ思《おも》ウ城中《じょうちゅう》ニ菜色《さいしょく》多キヲ
一身ノ温飽《おんぽう》天ニ愧《は》ズ

（『洗心洞詩文』）

〔解説〕　新しく仕立てられた着物をきて心を新たにして新年を祝った。魚や野菜の入った正月の雑煮は味もよく美味しくいただけた。しかし大坂城下の住民は野菜だけしか食べられず、青い顔をした人の多いことが急に思い出された。飢饉だというのに自分だけが温かい食事をとっていることに、総てを統《す》べる天にたいして心がとがめる思いだ。これは何としても為政者の用財の道が誤っているからだ。
このような詩文を詠む心の奥には、常に庶民の暮らしを気づかう大塩の心情が想起されよう。

【頼山陽観《らいさんようかん》】（山陽・頼山陽）37 45 80

而《しこう》して今其の贈序の文に由《よ》つて以て之を観れば、則《すなわ》ち我れを知る者は山陽に若《し》くなきなり。我れを知る者は即ち我が心学を知る者なり。我が心学を知らば則ち未《いま》だ箚記の両巻を尽さずと雖《いえど》も而《しか》も猶《なお》之を尽すがごときなり。

（「亡友頼山陽之序と詩とを箚記付録に入刻する自記」『洗心洞箚記付録抄』）

〔解説〕 山陽から贈られた詩文を見ると、私の学問を一番よく理解してくれている学者で山陽の右に出るものはない。私を知るということは私の陽明学的心学をよく理解してくれているということだ。陽明学が心学であることがわかれば、私の『洗心洞箚記』上下両巻を読了しなくとも、十分に良知心学の意をくむことができるはずだ。
大塩は朱子学から解き放たれた自由な認識者としての山陽を、自ら堅持する陽明学精神の理解者として深い信頼を寄せていたところである。大塩は山陽に先立たれたとき号泣した。

【隠者】（自由人）　51 80

口上

近年打続《うちつづき》米穀高直《たかね》ニ付困窮之人多く有レ之《これある》由ニ而、当時御隠退大塩平八郎先生御一分を以《もって》、御所持之書籍類不レ残《のこらず》御売払被レ成《なされ》、其代金を以困窮之家壱軒前ニ付金壱朱ツ、無二急度一都合家数壱万軒へ御施行有レ之候間、此書付御持参ニ而左之名前之所へ早々御申請ニ御越可レ被レ成《なさるべく》候。

但し酉二月七日安堂寺町

御堂すぢ南へ入東側本会

所へ七ツ時迄ニ御越可レ被レ成候

河内屋喜兵衛

同　新次郎

同　紀一兵衛

同　茂兵衛

（大塩平八郎施行札）

〔解説〕右口上は平八郎が乱に先きだつ天保八年（一八三七）二月に摂河に住む門人を通して配付された施行札《せぎょうふだ》である。施行を受けた村々として、

摂津東成郡　般若寺村、善源寺村、沢上江《かすがえ》村、下辻村、内代《うちだい》村、馬場村、関目村、猪飼野村、今市村、千林村、中野村、友淵村、江野村、別所村、中村、葱生《なぎゅう》村、南島村、上辻村、森小路村

同　川辺郡　伊丹町、伊丹植松村

河内茨田郡　北寺方村、守口村、門真三番村、稗島村、世木村、池田下村、池田中村、池田川村、北島村
同　志紀郡　弓削村
同　渋川郡　衣摺村
同　交野郡　尊延寺村

があった。

通例の施行であれば村役人を通してなされるが、今度は事件を前提とした施行であったので、平八郎も奉行所に届けずに行ったので、跡部《あとべ》山城守からクレームがつけられた。平八郎も隠居の身分として不注意を謝し、施行を続けた。

なお施行札を渡す時に門人から天満に火事があれば必ず大塩先生の許に駆けつけるよう伝言されていた。これから見てもこの施行の開始により平八郎は事件に向かって最後の扉を開いたのである。

（参考）【狂狷《きょうけん》】

夫れ天下の大、四海の広にして当時何為《なんす》れぞ、其の門に入り其の教を受くる者乃《すなわ》ち少なきや。是れ吾れ疑ひの心に解けざる所以《いわれ》なり。論孟を熟読して、然る後に其の疑ひ始めて釈然《しゃくぜん》たらん。子曰く、「中行を得て之に与《くみ》せずんば、必ずや狂狷《きょうけん》か。狂者は進んで取り、狷者は為さざる所有

るなり」と。又《ま》た曰く、「郷原《ごうげん》は徳の賊なり」と。孟子曰く、「孔子は中道を得て之に与《くみ》せずんば、必ずや狂獧《きようけん》か、狂者は進んで取り、獧者は為さざる所有るなり、と。孔子は豈《あ》に中道を欲せざらんや。必ずしも得べからず、故に其の次を思ふなり」と。又た曰く、「孔子曰く、我が門を過ぎて我が室に入らざるも、我れ憾《うら》みざる者は、其れ唯《た》だ郷原か。郷原は徳の賊なり、と」と。（中略）

然らば則ち狂狷は晨星《しんせい》より鮮《すく》なし。而《しこう》して郷原は即ち天下滔滔《とうとう》として皆是れなるのみ。孔子は道を開き教を立て、特に其の晨星よりも鮮なきの狂狷を取る。而して其の室に入るを願はざる者は、天下滔滔たるの郷原なり。

（『洗心洞劄記』）

〔解説〕　いったい天下は大きく、国土は広いのに、どうして当時、孔子の門に入って教えを受ける者が少ないのかと私は疑問に思っていた。しかし『論語』や『孟子』を熟読してその理由がわかるようになった。孔子も「物事を公平に考えてそれが実現できなければ、かならず目指すことにまっしぐらに突き進む狂者か意志の強い狷者にならなければならない」と云い、また「うわべばかりの道徳主義者を郷原というべきだ」と批判した。孟子も「孔子は中庸を追求したが、なかなか得られないので次善の策を考えられたのであろう」と評していた。また孔子は、「門を通りすぎて私を避けながら、私を憾みに思うことのないのは郷原の輩で、云ってみれば郷原は道徳の反対側にいる人物のことだ」と孟子に語った。（中略）

そうであるならば狂狷の人は明け方に見える星の数より少ないのだ。それに対して世の中の風潮は見せかけの道徳主義にみな従っている。そこで孔子は聖王から受け継いだ道を開き儒教を確立し、晨星より少ない狂狷の人に期待した。しかし孔子の門に入ることを拒むものは世の中の風潮に流された郷原の類であった。

孔子の門をたたいた大塩はこれを読んで詩文や訓詁註釈の教養化した朱子学（郷原）を排し、儒教の本道に立ち返るために狂狷の道を目指したのである。

〔参考〕【清廉潔白《せいれんけっぱく》】

新葉稀疎《しんようきそ》ニシテ花枝《はなえだ》ニ満ツ
風開《かぜひら》キ風墜《かぜお》ツレバ時ヲ移サズ
請《もと》メ看《み》ン　地ニ委《ゆだ》ネバ仍《すなわ》チ清白《せいはく》
幾度《いくど》ノ雨泥《うでい》ニモ涅《くろつち》ニ緇《けが》レズ

（『洗心洞詩文』）

〔解説〕　新しい葉はまばらであるが梅の花は枝一面に咲いている。吹き始めた風がやんだかと思うと、もう花は時を移さず散り始める。その大地に落ちた花びらをよく見ると元のままの清廉潔白そのものだ。いく度かの雨で泥にまみれても黒土に汚れることはない。私だって刑吏《けいり》の仕事で泥にまみれても、本性は清廉潔白でなければならないのだ。大塩の心境を詠んだ詩文である。

〈引用文献一覧〉

大塩平八郎『洗心洞学名学則』（『日本倫理彙編・陽明学派下』巻之三所収『儒門空虚聚語』付録「答弟子問学名学則」、育成会・一九〇二年）

〃　『洗心洞劄記』（福永光司・他校注『日本思想大系46　佐藤一斎・大塩中斎』岩波書店・一九八〇年）

〃　『洗心洞劄記付録抄』（『洗心洞劄記』岩波文庫版・一九四〇年）

〃　『儒門空虚聚語』（『日本倫理彙編・陽明学派下』育成会・一九〇二年）

〃　『増補孝経彙註』（『日本倫理彙編・陽明学派下』育成会・一九〇二年）

〃　『奉納書籍聚跋』「天保四癸巳秋八月　大塩後素」（大阪府立中之島図書館蔵）

〃　『大塩平八郎書石刷』（「政野家文書」展覧会目録『大塩平八郎』所収、大阪市市立博物館・一九七六年）

〃　大塩書簡（相蘇一弘『大塩平八郎書簡の研究』清文堂出版・二〇〇三年）

〃　『檄文』（幸田成友『大塩平八郎（付録）』東亜堂書店・一九一〇年）

〃　『古本大学刮目』（『日本倫理彙編・陽明学派下』育成会・一九〇二年）

〃　『洗心洞詩文』（森田康夫『大塩思想の可能性』和泉書院・二〇一一年）

石崎東国『中斎大塩先生年譜』（大鐙閣・一九一九年）

井上哲次郎『日本陽明学派之哲学』（冨山房・一九〇〇年）

大阪府史編集室編『住友家史垂裕明鑑抄（校本）』（大阪府立中之島図書館蔵）

公田連太郎訳註『呻吟語』（明徳出版社・一九五五年）

坂本鉉之助『咬菜秘記』（石崎東国『中斎大塩先生年譜』大鐙閣・一九一九年）

高畑常信・小尾郊一『叢書日本の思想家38　大塩中斎・佐久間象山』（明徳出版社・一九八一年）

疋田竹翁『反省雑誌』十三号一巻・三巻（反省雑誌社・一八九八年）

藤田東湖『浪華騒擾記事』（大阪城天守閣蔵、青木美智男編『文政・天保期の史料と研究』ゆまに書房・

二〇〇五年）
松浦静山『甲子夜話』（中村幸彦・中野三敏校訂、東洋文庫四二一、平凡社・一九八三年）
山田　準『大塩中斎・佐藤一斎』（日本教育家文庫第三十四巻、北海出版社・一九三七年）
筆者不詳『浮世の有様』（『日本庶民史料集成』第十一巻、三一書房・一九七〇年）

〈参考文献一覧〉

大阪市立博物館篇『第七三回特別展・大塩平八郎』図録（一九七六年）
大阪人権歴史資料館篇『大塩平八郎と民衆』（一九九三年）
大塩事件研究会編『大塩平八郎の総合的研究』（和泉書院・二〇一一年）
熊沢蕃山「孝経小解」（『漢籍国字解全書』第一巻、早稲田大学出版部・一九一一年）
幸田成友『大塩平八郎』（東亜堂書店・一九一〇年、なお創元社から一九四二年に、中央公論社からは文庫版として一九七七年に再刊）
後藤基巳訳注「洗心洞箚記抄・同付録抄・中斎文抄」（『陽明学大系第八巻・日本の陽明学（上）』明徳出版社・一九七一年）
高瀬武次郎『日本之陽明学』（鉄華書院・一八九八年）
森田康夫『大塩平八郎と陽明学』（和泉書院・二〇〇八年）
〃『大塩思想の可能性』（和泉書院・二〇一一年）
〃『大塩思想の射程』（和泉書院・二〇一四年）
〃「大塩研究の書誌的考察」（『大塩研究』七三号、二〇一五年）
山下竜二「第七章　日本陽明学」（『陽明学の研究下　展開編』現代情報社・一九七一年）
〃「大塩平八郎」（相良亨・松本三之助・源了圓編『江戸の思想家たち』下、研究社出版・一九七九年）
吉田公平『洗心洞箚記―大塩平八郎の読書ノート』上・下（たちばな出版・一九九八年）

あとがき

大塩にかかわる人物論の特徴は、彼が幕藩体制の内側の人間でありながら内部告発者として事件を引き起こしたところから、このような事に走る人間は破滅型の性格的な異常者として断罪されることにあった。平成の大塩テロリズム説もその系譜上にある。例えば事件発生に際して松浦静山《まつらせいざん》は『甲子夜話《かっしやわ》』において、事件の重大さ故にその責任を平八郎の性格に帰し、誹謗《ひぼう》中傷することで歴史を隠蔽《いんぺい》することに奔走した。

それに対して事件に遭遇した当事者の中からは事件を教訓と受け止める風潮、例えば泉屋（住友家）に書き伝えられた記録『垂裕明鑑《すいゆうめいかん》』には、地域の豪商として平八郎が投げかけた事件の意味を反省し、自家のおかれた社会的責任を自覚するものであった。従って平八郎に関しても公正な人物評価を下していた。

平八郎と日常的に接していた、そして事件に際しては鎮圧側の最高功労者であった坂本鉉之助の『咬菜秘記《こうさいひき》』でも、平八郎の人間像を貶《おと》しめるために流布された讒言《ざんげん》を退け、客観的且つ冷静に評価していた。このように対立する両極のなかで、その後、大塩像は時代の政治状況に応じて社会主義の先駆者とされたり、時代の改革者とされたり、それぞれの歴史状況のなかで読みこまれてきた。

そのなかで大塩論をめぐる各時代の代表的な著書として、明治期の幸田《こうだ》成友《しげとも》『大塩平八郎』などの大阪人も納得させる評価を除き、事件の推移における重要史実を看過したり、大塩の思想構造から逸脱した史料の表層的解釈などで、大塩像をゆがめてきたのもまた事実である。本書においてそれらの誤りを糺《ただ》しながら、近世末の都市大坂という土壌の中で形成された大塩思想の同時代批判にうかがえる、近代を切り開いた大塩思想を構造的に解読してきた。

思えば私と大塩研究の出会いは『大塩平八郎の時代―洗心洞門人の軌跡』（一九九三年）に始まり『浪華異聞・大潮餘談』（一九九六年）において、大塩事件が幕末の隠岐騒動に及ぶ世直し思想としてあったことを明らかにしてきた。そしてこのような拡がりをもつ大塩思想が、いかなる思想構造をもつものであったかを『大塩平八郎と陽明学』『大塩思想の可能性』『大塩思想の射程』（二〇〇八・二〇一一・二〇一四年）の三部作を通して、近代に顔を向ける思想の営みであることを明らかにした。

かくして大塩思想が明治維新と深くかかわるものとして、公正無私な太虚《たいきょ》が自然と社会を一貫してつらぬく理法として、それが聖人の世を再生する原理となり、そのために尊王という名の聖人像を掲げ、その実現に向けて正心誠意という良知《りょうち》をもってする人間の生き方を問うてきた。このように儒学が読み解かれることで近代を切り開く哲学が構築されてきたのである。

その意味から本書は私の一連の研究から見た大塩像を、平成期の大塩テロリズム説の歴史的封じ込めに対して、広く世に問うために『評伝《ことば》／大塩平八郎への道』としてまとめてみた。なお大塩思想の漢文体で書かれた言説を少しでも理解してもらいやすいように、大塩思想の基軸概念などの解説を、巻末に「大塩平八郎のことば―思想を読みとく―」として掲げておいた。本文と合わせて目を通して頂ければ幸である。なお本書が少しでも読者に親しみやすいものになっているとしたら和泉書院編集スタッフの賜である。記して感謝の言葉としたい。

平成29年盛夏

耄翁野人しるす

著者紹介

森田　康夫（もりた やすお）

1930年　大阪市生まれ
立命館大学大学院日本史研究科修士課程修了・文学博士
樟蔭東女子短期大学名誉教授

主な著書

『地に這いて—都市福祉行政の先駆者・志賀志那人』（大阪都市協会、1987年）
『大塩平八郎の時代—洗心洞門人の軌跡』（校倉書房、1993年）
『浪華異聞・大潮餘談』（和泉書院、1996年）
『福沢諭吉と大坂』（和泉書院、1996年）
『賤視の歴史的形成』（解放出版社、1998年）
『河内—その社会・文化・医療』（和泉書院、2001年）
『大塩平八郎と陽明学』（和泉書院、2008年）
『大塩思想の可能性』（和泉書院、2011年）
『大塩思想の射程』（和泉書院、2014年）
『評伝 三宅雪嶺の思想像』（和泉書院、2015年）

評伝／ことば 大塩平八郎への道　IZUMI BOOKS 20

2017年10月29日　初版第一刷発行

著　者　森田康夫

発行者　廣橋研三

発行所　和泉書院

〒543-0037　大阪市天王寺区上之宮町7-6
電話06-6771-1467／振替00970-8-15043

印刷・製本　亜細亜印刷

ISBN978-4-7576-0846-7　C0321　定価はカバーに表示

森田康夫著

〈大塩事件その後の一つの物語〉
浪華異聞・大潮餘談《なごり》
■四六上製・二九八頁・三〇〇〇円

洗心洞門人で西村履三郎の長男の常太郎が隠岐に流刑され、幕末隠岐騒動に参画する。この宇田川文海のノンフィクション作品は、近年の隠岐騒動関連の歴史小説にも大きな影響を与えた。

〈河内地方に残る人々の息づかい〉
河内　社会・文化・医療
■四六上製・三五二頁・二八〇〇円

小野篁ゆかりの八尾地蔵の胎内墨書の解読や、近世の医療事情についての田中家文書の解明他、古代から近代まで豊富な史料をもとに同時代を生きた人々の息づかいを伝える。

〈福沢諭吉の思想背景〉
福沢諭吉と大坂
■A5上製・二八〇頁・五〇〇〇円

権力から自立した商業資本の都市大坂で生れ、適塾で学んだ福沢は、大坂商人の殷富と自由に触れ、経済学重視の思想を形成した。明六社的啓蒙思想の意義を、民権思想との対比で解明。

〈雪嶺と大塩陽明学〉
評伝　三宅雪嶺の思想像
■四六上製・一八四頁・二七〇〇円

混迷の時代に、今、雪嶺の哲学思想から学ぶ。日本主義の精髄としての雪嶺哲学はヘーゲル批判の哲学体系を媒介に大塩陽明学を継承して形成されたことを指摘、雪嶺の実像に迫る。